PENGUIN EDITION

Große Emotionen, große Dramen, große Abenteuer – von Austen bis Fitzgerald, von Flaubert bis Zweig. Ein Bücherregal ohne Klassiker ist wie eine Welt ohne Farbe.

Nikolaj Gogol (1809–1852) wurde in der Ukraine geboren. 1828 ging er nach Petersburg, wo er eine Anstellung im Staatsdienst erhielt. Bereits seine ersten Erzählungen waren ein Erfolg und verschafften ihm Zugang zu den literarischen Kreisen der Stadt. Er veröffentlichte weitere Erzählungen und Theaterstücke, die begeistert aufgenommen wurden, sein einziger Roman, «Die toten Seelen», erschien 1842; den zweiten Teil verbrannte er jedoch.

«Nikolaj Gogols ‹Die Nacht vor Weihnachten› ist fantastisch in gleich mehrfacher Hinsicht.»
Christian Thomas

Nikolaj Gogol

DIE NACHT VOR WEIHNACHTEN

Erzählung

Aus dem Russischen übersetzt und
mit einem Nachwort von Bruno Goetz

PENGUIN VERLAG

Die russische Originalausgabe erschien
unter dem Titel *Noc' pered rozdestvom*

MIX
Papier | Fördert gute Waldnutzung
FSC® C014496

Penguin Random House Verlagsgruppe FSC® N001967

1. Auflage 2024

in der Penguin Random House Verlagsgruppe GmbH,
Neumarkter Straße 28, 81673 München
Umschlaggestaltung: Regg Media in Adaption der traditionellen
Penguin-Classics-Triband-Optik aus England
Satz: Greiner & Reichel, Köln
Druck und Bindung: GGP Media GmbH, Pößneck
Printed in Germany
ISBN 978-3-328-11208-2
www.penguin-verlag.de

DIE NACHT VOR WEIHNACHTEN

I

Der letzte Tag vor Weihnachten war zu Ende gegangen. Eine klare Winternacht brach an. Die Sterne blinkten. Der Mond stieg feierlich am Himmel empor, um den guten Menschen auf der ganzen Welt zu leuchten, auf dass sie frohen Mutes nach altem Brauch ihre Weihnachtslieder unter den Fenstern sängen. Der Frost hatte seit dem Morgen stark zugenommen. Dafür war es aber so windstill, dass man das Knirschen des Schnees unter den Stiefelsohlen eine halbe Werst weit hören konnte.

Noch hatte sich keine Singschar auf der Straße gezeigt. Nur der Mond schien verstohlen in die Hüttenfenster, wie um die sich putzenden Mädchen daran zu erinnern, dass es an der Zeit sei, in den knisternden Schnee hinauszulaufen.

Da qualmten dicke Rauchschwaden aus einem der Schornsteine und stiegen als schwarze Wolke empor. Mit ihnen fuhr aber, auf einem Besenstiele reitend, eine Hexe zum Himmel auf.

Wäre in diesem Augenblick der Assessor von Sorotschinzy in einer mit Bürgerpferden bespannten Troika vorbeigefahren, die nach Ulanenart pelzverbrämte Mütze auf dem Kopf, in seinem blauen, mit schwarzem Lammfell gefütterten Mantel und mit seiner teuflisch geflochtenen Peitsche, mit der er den Kutscher anzutreiben liebte – so hätte er die Hexe sicherlich bemerkt; denn es gibt keine Hexe auf der ganzen Welt, die dem scharfen Blick des

Assessors von Sorotschinzy zu entgehen vermag. Er weiß haargenau, wie viele Ferkel die Sau einer jeden Einwohnerin wirft, wie viel Leinwand sie in ihrer Truhe aufbewahrt und welche Kleidungsstücke oder Wirtschaftsgegenstände jeder ordentliche Mann an den Feiertagen in der Schenke zu versetzen pflegt. Doch der Assessor fuhr nicht vorbei und hätte sich um das fremde Dorf auch gar nicht bekümmert – er hatte seinen eigenen Bezirk.

Die Hexe hatte sich inzwischen so hoch erhoben, dass sie nur noch wie ein kleiner schwarzer Fleck am Himmel zu sehen war. Doch überall, wo sich dieser schwarze Fleck zeigte, verschwanden die Sterne am Firmament. Schon hatte die Hexe einen ganzen Arm voll von ihnen eingesammelt, nur noch drei oder vier funkelten durch die Nacht. Da zeigte sich an der entgegengesetzten Seite des Himmels ein anderer schwarzer Fleck, dehnte sich rasch aus und war bald mehr als bloß ein Fleck.

Ein kurzsichtiger Mensch, selbst wenn er sich Brillengläser so groß wie die Wagenräder der Kommissarskutsche auf die Nase gesetzt hätte, wäre nicht imstande gewesen, festzustellen, was es mit diesem Fleck für eine Bewandtnis hatte. Von vorn sah er ganz wie ein Deutscher oder ein sonstiger Ausländer aus: Ein schmales, sich hin und her wendendes und alles, was ihm nur in die Quere kam, beschnüffelndes Schnäuzchen lief, wie bei unseren Schweinen, in ein rundes Fünfkopekenstück aus. Die Beinchen waren so dünn, dass sie der Dorfschulze von Jareskowo, wenn sie sein Eigen gewesen wären, schon beim ersten Hoppak-Sprung gebrochen hätte. Von hinten dagegen glich er zum Verwechseln dem Gouvernementsanwalt in Galatracht; denn er hatte einen so langen und spitzen Schwanz, dass man an die Frackschöße der heutigen Beamtenuniformen erinnert wurde. Nur aus dem Ziegenbärtchen unter seiner Schnauze, aus den Hörnchen auf seinem Kopf und daraus, dass er im Ganzen genommen nicht heller als ein Schornsteinfeger war, hätte man schließen können, dass es sich weder um einen Ausländer noch um den Gouvernementsanwalt handelte, sondern schlicht und einfach um den Teufel in höchsteigener Person, dem es nur noch in dieser Nacht vergönnt war, durch die weite Welt zu schweifen und die Leute zu verführen; denn schon morgen musste er bei den ersten Glockenschlägen, die zur Frühmesse riefen, sich eingeklemmten Schwanzes Hals über Kopf in den Höllenschlund stürzen.

Mittlerweile hatte er sich behutsam dem Monde genähert und streckte schon die Hand aus, um ihn zu stehlen, zog sie jedoch im gleichen Augenblick hastig zurück, als wenn er sich verbrannt hätte, lutschte an seinen Fingern und schlenkerte mit einem Bein. Jetzt rückte er von einer anderen Seite an, prallte von Neuem zurück und zog wieder die Hand weg. Trotz dieser Misserfolge aber konnte der listige Teufel nicht von seinen Schelmenstreichen lassen. In einem plötzlichen Anlauf packte er den Mond mit beiden Händen zugleich, warf ihn, sich krümmend und ihn in einem fort anblasend, aus einer Hand in die andere, wie ein Bauer, der sich mit bloßen Fingern Feuer für seine Pfeife holt, und steckte ihn zu guter Letzt in seine Tasche. Dann eilte er, als wenn nichts geschehen wäre, weiter.

In Dikanjka hatte niemand bemerkt, wie der Teufel das fertiggebracht hatte. Der Gemeindeschreiber freilich, der auf allen vieren aus der Schenke kroch, glaubte gesehen zu haben, wie der Mond auf einmal mir nichts, dir nichts am Himmel hin- und hertanzte, und versuchte, unter Anrufung Gottes und aller Heiligen, das ganze Dorf von diesem Wunder zu überzeugen. Doch die Einwohner schüttelten nur ihre Köpfe und lachten ihn aus.

Was hatte den Teufel eigentlich zu einem so gesetzwidrigen Unternehmen bewogen? Der Grund war folgender. Er wusste, dass der reiche Kosak Tschub vom Küster zum allweihnachtlichen Honigreisschmaus eingeladen war, an welchem nicht nur der Dorfschulze und ein mit dem Küster verwandter blau berockter Vorsänger des bischöflichen Kirchenchors mit einem unwahrscheinlich tiefen Bass, sondern auch der Kosak Swerbygus und einige andere Gäste teilnehmen würden; während dieses Festmahles nun würde Tschubs Tochter, das schönste Mädchen des Dorfes, allein zu Hause sitzen und sicherlich vom jungen Schmied besucht werden, einem handfesten Riesen und Kindskopf, der dem Teufel noch widerwärtiger war als die Predigten des Vaters Kondrat. In seinen Mußestunden huldigte der Schmied nämlich der edlen Malkunst und galt für den geschicktesten Maler der ganzen Gegend, sodass ihn sogar der Kosakenhauptmann L…ko, der damals noch lebte, eigens nach Poltawa hatte kommen lassen, um den Bretterzaun um sein Besitztum anzustreichen. Alle Schüsseln, aus denen die Kosaken in Dikanjka ihren Borschtsch löffelten, waren von ihm bemalt worden. Der Schmied war ein gottesfürchtiger Mann und malte zuweilen auch Heiligenbilder: Heute noch kann man seinen Evangelisten Lukas in der Kirche zu T. bewundern. Der Triumph seiner Kunst aber war ein Bild, das er auf die rechte Seitenwand der Kirchenvorhalle gemalt hatte und das den heiligen Petrus darstellte, wie er, die Schlüssel in der Hand, am Jüngsten Tage den Bösen aus der Hölle vertreibt: Der aufgescheuchte Teufel rennt, seinen Untergang ahnend, nach allen Seiten hin und her und wird von den Sündern, die einst von ihm in die Hölle gesperrt worden waren, mit Peitschen, Holzscheiten und allem, was ihnen in die Hände geraten ist, verprügelt. Als der Schmied an diesem Bilde schuf und es auf eine große hölzerne Tafel malte, hatte der Teufel ihn auf jede Weise zu stören versucht; er hatte ihn unsichtbar am Arm gestoßen und das Gemälde mehrfach mit Asche aus der Schmiedeesse bestreut. Trotzdem wurde das Werk vollendet. Die Tafel wurde in die Kirche getragen und in die Wand der Vorhalle eingelassen. Damals nun hatte der Teufel sich vorgenommen, am Schmied Rache zu nehmen.

Eine Nacht nur noch war ihm im alten Jahre übrig geblieben, durch die weite Welt zu schweifen. In dieser Nacht musste er etwas finden, um seine Wut am Schmied auslassen zu können, und war darauf verfallen, den Mond zu stehlen; denn er verließ sich darauf, dass der alte Tschub faul und nur schwer auf die Beine zu bringen war; der Weg zum Küster aber war ziemlich weit, er führte hinter dem Dorfe an den Mühlen, am Friedhof und einem steilen Abhang vorbei; bei Mondschein würde die Aussicht auf den Honigreis, den Weihnachtskuchen und den Safranschnaps den Alten freilich verlockt haben; in einer lichtlosen Nacht dagegen hätte es kaum jemand über ihn vermocht, dass er sich von seiner Ofenecke getrennt und ins Freie hinausgetraut hätte; der Schmied wiederum, der schon seit Langem nicht mehr in gutem Einvernehmen mit Tschub lebte, würde es, trotz seiner Bärenkräfte, nicht wagen, die Tochter zu besuchen, solange ihr Vater im Hause war.

Und so geschah es denn, dass es auf der ganzen Welt, kaum dass der Teufel den Mond in die Tasche gesteckt, so finster wurde, dass man nicht einmal den Weg in die Schenke, geschweige denn den zum Küsterhaus gefunden hätte.

Die Hexe stieß, als das Dunkel sie so plötzlich umringte, einen schrillen Schrei aus. Doch der Teufel hatte sich dicht an sie herangemacht, fasste sie am Arm und flüsterte ihr dasselbe ins Ohr, was man überall dem ganzen weiblichen Geschlecht ins Ohr zu flüstern pflegt.

Wunderlich ist's eingerichtet auf unserer Welt: Alles, was lebt, beschäftigt sich zumeist damit, andern etwas abzugucken und es nachzuäffen. Es gab zum Beispiel einmal eine Zeit, da gingen in Mirgorod zur Winterszeit nur der Richter und allenfalls noch das Stadtoberhaupt in mit Tuch überzogenen Pelzen einher, die niedere Beamtenschaft trug das Fell nach außen. Heute dagegen haben sich nicht nur der Assessor, sondern auch der Unterrentmeister ihre Lammfellpelze mit Tuch überziehen lassen. Vor zwei Jahren kauften sich der Kanzlist und der Gemeindeschreiber bestes blaues Tuch zu sechs Kopeken die Elle ein. Und der Kirchendiener ließ sich zum Sommer Pluderhosen aus Nanking und eine Weste aus gestreiftem Kammgarn machen. Mit einem Wort: Alles will hoch hinaus. Wann werden die Menschen endlich einmal nicht mehr ihrer Eitelkeit nachlaufen? Wetten wir: Vielen dürfte es sonderbar vorkommen, dass der Teufel in die gleiche Kerbe schlägt und dass er, was am ärgerlichsten ist, sich für eine Schönheit hält, während man ihn doch in Wirklichkeit kaum anzuschauen vermag: Solch eine Fresse hat er, würde Foma Grigorjewitsch sagen, dass er sich schämen sollte. Trotzdem geht auch er auf Liebesabenteuer aus.

Doch am Himmel und unter dem Himmel war es inzwischen so dunkel geworden, dass man nichts mehr davon sehen konnte, was er und die Hexe miteinander trieben.

II

«Du bist also noch nicht im neuen Küsterhause gewesen, Gevatter?», fragte der Kosak Tschub einen hochgewachsenen mageren Bauern in kurzem Pelzrock, dessen lange Bartstoppeln davon zeugten, dass das abgebrochene Sensenstück, mit dem unsere Bauern sich, in Ermangelung eines Rasiermessers, ihren Bart zu schaben pflegen, sein Gesicht schon fast zwei Wochen lang nicht mehr berührt hatte.

«Es wird dort ein beträchtliches Gelage geben», fuhr Tschub, über das ganze Gesicht schmunzelnd, fort; «dass wir nur nicht zu spät kommen!»

Mit diesen Worten rückte er den Gürtel zurecht, der seinen Pelz umspannte, drückte seine Mütze tiefer ins Gesicht und nahm seine Peitsche – den Schrecken aller zudringlichen Hunde – fester in die Hand.

«Teufel auch!», stieß er plötzlich hervor; «schau, Panass, schau nur!»

«Was?», fragte der Gevatter und blickte ebenfalls nach oben.

«Wieso was? Der Mond ist fort!»

«Verflucht noch einmal, er ist wirklich fort.»

«Das ist es ja eben, dass er fort ist!», rief Tschub ein wenig ärgerlich über den unveränderlichen Gleichmut des Gevatters aus. «Dir scheint es ja einerlei zu sein.»

«Ja was soll denn ich dabei machen?»

«Hat es da so ein Teufel nötig gehabt», nahm Tschub wieder das Wort, «hat er es wirklich nötig gehabt – möge der Hundsfott die ganze Nacht hindurch keinen Schnaps mehr bekommen! – sich hier einzumischen? ... Als ob er uns verhöhnen wollte! Eben noch schaute ich in der Stube vorsorglich zum Fenster hinaus: ein Wunder von einer Nacht! Klar! Der Schnee glitzert im Mondlicht! Alles ist wie am helllichten Tage zu erkennen. Und nun – kaum trete ich aus der Tür – ist nichts mehr zu sehen, als wären mir die Augen ausgestochen worden. Dass er sich alle Zähne an einem vertrockneten Buchweizenbrot ausbeißen möge!»

Tschub murrte und schimpfte noch lange vor sich hin, fragte sich aber währenddessen im Stillen, wozu er sich entschließen sollte. Zum Verrecken gern hätte er beim Küster über alles nur Mögliche geklönt. Sicher saßen dort schon der Dorfschulze und der zugereiste Basssänger zusammen, vor allem aber der Teersieder Mikita, der alle zwei Wochen nach Poltawa fuhr und solche Späße zu treiben liebte, dass sich alle den Bauch vor Lachen halten mussten. In Gedanken sog Tschub schon den Geruch des würzigen Weihnachtspunschs ein. All das war gewiss verführerisch. Doch die Dunkelheit weckte in ihm auch den allen Kosaken eingeborenen Hang zur Faulheit. Wie schön wär es jetzt, mit untergeschlagenen Beinen auf der Ofenbank zu hocken, ruhig seine Pfeife zu rauchen und angenehm dösend den Weihnachtsliedern der lustigen Burschen und Mädchen zu lauschen, die sich bald in Scharen unter den Fenstern tummeln würden! Wäre er allein gewesen, so wäre er ohne Zweifel wieder umgekehrt; doch zu zweit war es nicht mehr so langweilig und mühselig, durch die finstere Nacht zu wandern; auch wollte er vor den andern nicht faul und furchtsam scheinen. Er hörte daher zu schimpfen auf und wandte sich von Neuem an den Gevatter.

«Es gibt also kein Mondlicht, Gevatter?»

«Nein.»

«Wirklich merkwürdig! Gib mir mal eine Prise. Dein Tabak ist ausgezeichnet. Wo hast du ihn her?»

«Den Teufel ist er ausgezeichnet!», antwortete der Gevatter und klappte seine birkenrindene, mit Stichmustern verzierte Dose wieder zu; «nicht einmal ein altes Huhn kann durch ihn zum Niesen gebracht werden.»

«Ich erinnere mich», fuhr Tschub im gleichen Tone fort, «dass der verstorbene Schankwirt Sussulja einmal einen ähnlichen Tabak aus Njeshin mitgebracht hatte. Ach, war das ein Tabak! Ein guter Tabak war das! ... Nun, Gevatter, was machen wir? Hier draußen ist's dunkel.»

«Wir können ja auch zu Hause bleiben», meinte der Gevatter und griff schon nach der Türklinke.

Hätte er das nicht gesagt, so würde Tschub sich gewiss entschlossen haben, zu seiner Ofenbank zurückzukehren. Jetzt aber reizte es ihn, das Entgegengesetzte zu tun.

«Nein, Gevatter», erwiderte er, «das ist ausgeschlossen, wir müssen gehn.»

Er hatte diese Worte kaum ausgesprochen, als sie ihm schon leidtaten. Es war ihm äußerst unangenehm, durch solch eine Nacht zu stapfen. Doch ihn tröstete, dass er selbst es so gewollt und dass er immerhin nicht das tat, was man ihm geraten hatte.

Auf dem Gesicht des Gevatters war nicht die leiseste Regung von Ärger zu erkennen. Er war ein Mann, dem es vollkommen einerlei war, ob er zu Hause saß oder sich draußen herumtrieb. Er sah sich um, kratzte sich mit dem Peitschenstiel die Achseln – und machte sich mit Tschub auf den Weg.

III

Nun wollen wir zusehen, was die zurückgebliebene schöne Tochter treibt.

Oxana war noch kaum siebenzehn Jahre alt, als man schon beinahe überall auf der Welt, diesseits und jenseits von Dikanjka, von nichts anderem als von ihr sprach. Die Burschen versicherten alle einstimmig, dass es ein schöneres Mädchen im Dorfe weder gegeben habe noch jemals wieder geben werde.

Oxana wusste und hörte alles, was über sie gesprochen wurde, und war so launenhaft, wie es sich für eine anerkannte Schönheit gehört. Hätte sie nicht ein Kopftuch und eine Bauernjacke, sondern ein vornehmes Kleid getragen, so würde sie alle ihre Dienstmädchen immer wieder entlassen und immer wieder neue angestellt haben. Die Burschen waren scharenweise hinter ihr her, verloren aber schließlich die Geduld, ließen einer nach dem andern von der eigensinnigen Schönen ab und wandten sich anderen, weniger verwöhnten Mädchen zu. Einzig der Schmied Wakula war hartnäckig und hörte nicht auf, sie zu umbuhlen, obgleich sie ihn durchaus nicht besser behandelte als die anderen.

Als ihr Vater das Haus verlassen hatte, putzte und schmückte Oxana sich noch lange vor dem kleinen Spiegel im Zinnrahmen und konnte es nicht sattbekommen, sich selber zu bewundern.

«Was fällt den Leuten eigentlich ein, meine Schönheit auszuschreien?», rief sie mit gespielter Nachlässigkeit, nur um über irgendetwas mit sich selber zu schwätzen; «sie lügen, die Leute. Ich bin gar nicht schön.»

«Sind denn meine schwarzen Augen und Brauen», fuhr sie fort, ohne den Spiegel aus der Hand zu legen, «wirklich so schön, dass es ihresgleichen auf der ganzen Welt nicht gibt? Was ist denn Schönes an dieser Stupsnase, an diesen Wangen und Lippen? Als ob meine schwarzen Locken schön wären! Huh! Abends kann man ja vor ihnen erschrecken. Sie sind lange Schlangen, die sich rings um meinen Kopf geschlungen haben. Jetzt sehe ich es, dass ich gar nicht schön bin.»

Sie hielt den Spiegel weiter von sich ab und rief aus:

«Nein, ich bin doch schön! Ach, wie bin ich schön! Ein wahres Wunder! Welche Freude werde ich dem machen, dessen Frau ich einmal sein werde! Wie wird mein Mann von mir entzückt sein! Ganz außer sich vor Freude wird er sein! Er wird mich totküssen!»

«Ein wunderbares Mädchen!», sagte sich der unbemerkt eingetretene Schmied, «aber eitel bis dahinaus. Eine ganze Stunde lang steht sie vor dem Spiegel, kann gar nicht genug bekommen von ihrem Anblick und rühmt sich dessen noch laut.»

«Ja, ihr Burschen», fuhr die anmutige Kokette fort, «bin ich denn euresgleichen? Seht mich doch nur an. Seht, wie schwebend ich schreite. Mein Hemd ist mit roter Seide bestickt. Und was für Bänder trag ich im Haar! Zeitlebens werdet ihr keine so reichen Goldborten sehen. Die hat mein Vater mir alle zusammengekauft, damit mich der schönste Bursche auf der ganzen Welt einmal zur Frau nähme.»

Mit einem Auflachen wandte sie sich um und erblickte den Schmied. Sie stieß einen Schrei aus und blieb mit abweisender Miene vor ihm stehen.

Der Schmied ließ die Hände sinken.

Schwer zu sagen, was das bräunliche Gesicht des wundersamen Mädchens ausdrückte. Strenge war in ihm und durch die Strenge hindurch so etwas wie Spott über den verlegen gewordenen Schmied; auch eine kaum merkliche Röte von Verdruss färbte ihre Wangen. Alles das vermengte sich miteinander und war so unsagbar reizend, dass man nichts Besseres hätte tun können, als sie Millionen Mal abzuküssen.

«Warum bist du denn gekommen?», fuhr Oxana ihn an. «Juckt's dich etwa danach, dass ich dich mit der Ofenschaufel hinausjage? Ihr versteht es alle meisterhaft, im Nu zu erwittern, wenn die Väter aus dem Hause sind. Oh, ich kenne euch! Nun? Wie ist's? Ist meine Truhe fertig geworden?»

«Sie ist bald fertig, mein Herzchen. Gleich nach den Feiertagen wird sie fertig sein. Wenn du wüsstest, wie ich mich mit ihr abgeplagt habe! Zwei Nächte lang habe ich die Schmiede nicht verlassen. Dafür wird aber auch keine Popenfrau solch eine Truhe haben. Sie hat Eisenbeschläge, wie ich sie nicht einmal für den Wagen des Kosakenhetmans verwandt habe, als ich noch in Poltawa arbeitete. Und wie sie bemalt ist! Wenn du die ganze Gegend mit deinen weißen Füßchen abläufst, du wirst keine schönere Truhe finden. Über den ganzen Grund werden rote und blaue Blumen verstreut sein, die wie Feuer leuchten … Zürne mir doch nicht! Gestatte mir, wenigstens mit dir zu sprechen und dich anzuschaun.»

«Wer verbietet dir das? Sprich und schaue!»

Damit setzte sie sich auf die Bank, blickte wieder in den Spiegel und ordnete ihre Flechten. Sie betrachtete ihren Hals, ihr neues seidenbesticktes Hemd, und auf ihre Lippen und Wangen trat ein Ausdruck von Selbstverliebtheit und spiegelte sich in ihren Augen.

«Erlaube, dass ich mich neben dich setze», sagte der Schmied.

«Setz dich nur», sagte Oxana, ohne den selbstverliebten Ausdruck auf den Lippen und in den Augen zu verlieren.

«Wunderbare, allerschönste Oxana!», rief der Schmied ermutigt aus und drückte sie an sich, in der Hoffnung, einen Kuss erhaschen zu können. Doch Oxana wandte ihre Wange ab, die sich schon in nächster Nähe von den Lippen des Schmieds befunden hatte, und stieß ihn von sich.

«Was nicht sonst noch alles?», sagte sie. «Wenn er Honig hat, will er auch noch einen Löffel dazu. Geh, deine Hände sind härter als Eisen, und du riechst nach Rauch. Ich glaube fast, du hast mich ganz mit Ruß beschmiert.»

Sie zog den Spiegel heran und begann sich von Neuem zu putzen.

Sie liebt mich nicht, dachte der Schmied und ließ den Kopf hängen. Für sie ist alles nur ein Spiel. Und ich stehe wie ein Narr vor ihr und kann meine Augen nicht von ihr wenden. Eine ganze Ewigkeit könnte ich vor ihr dastehen und sie immer nur anschaun. Ein wunderbares Mädchen! Was gäb ich nicht drum, zu wissen, was in ihrem Herzen vor sich geht und wen sie liebt. Doch nein. Ihr ist es um niemand zu tun. Sie ist nur von sich selbst entzückt. Sie quält mich Armen – und ich gräme mich so, dass die ganze Welt mir trübe vorkommt. Ich liebe sie so sehr, wie noch kein Mensch auf der Welt je geliebt hat oder lieben wird.

«Ist es wahr, dass deine Mutter eine Hexe ist?», fragte Oxana plötzlich und lachte. Da spürte der Schmied, wie auch in ihm alles zu lachen begann. Ihr Gelächter hallte in seinem Herzen und seinen leicht erschauernden Adern wider. Doch gleich darauf überfiel ihn wieder der Ärger, dass es nicht in seiner Macht stand, dieses so süß lachende Gesicht abzuküssen.

«Was hab ich mit meiner Mutter zu schaffen? Du bist mir Mutter und Vater und alles, was es in dieser Welt an

Teurem für mich gibt. Wenn der Zar mich riefe und mir sagte: ‹Schmied Wakula, du kannst mich um alles bitten, was mein Reich an Kostbarkeiten birgt. Alles soll dein sein. Ich befehle, dass man dir eine goldene Schmiede bauen soll, in der du mit silbernen Hämmern schmieden kannst› – so würde ich dem Zaren antworten: ‹Ich will weder Edelsteine noch eine goldene Schmiede noch dein ganzes Reich – gib mir lieber meine Oxana!›»

«Also so einer bist du! Doch mein Vater ist auch nicht von gestern. Pass auf – er wird deine Mutter noch heiraten!», sagte Oxana mit einem hinterhältigen Lächeln. «Aber warum kommen die Mädchen nicht? Was hat das zu bedeuten? Es ist höchste Zeit, zum Singen zu gehn. Ich fange mich schon zu langweilen an.»

«Gott mit ihnen, meine Schönste!»

«Warum nicht gar? Mit ihnen kommen die Burschen. Das wird einen Tanz geben. Ich stelle mir schon vor, was für tolle Dinge sie schwatzen werden.»

«Dir ist's also froh mit ihnen?»

«Froher jedenfalls als mit dir … Doch da hat's geklopft. Sicher sind's die Mädchen und Burschen.»

«Worauf wart ich noch länger?», sagte sich der Schmied, «sie verhöhnt mich ja nur. Ich bin ihr ebenso wenig wert wie ein verrostetes Hufeisen. Wenn's aber so ist, so soll mich wenigstens kein anderer auslachen. Sobald ich merke, dass ihr ein anderer Bursche mehr gefällt als ich, soll er von mir eine Lehre erhalten, dass …»

Hier wurden seine Gedanken durch ein erneutes Klopfen an der Tür und den scharf durch die Frostluft hallenden Ruf «Mach auf!» unterbrochen.

«Wart nur, ich öffne selbst!», rief er und begab sich in den Flur hinaus, in der Absicht, dem Ersten, der ihm in den Weg kam, vor Ärger alle Rippen zu zerbrechen.

IV

Der Frost war noch stärker geworden, und oben am Himmel herrschte solch eine Kälte, dass der Teufel von einem Pferdehuf auf den andern hüpfte und sich in seine Fäuste blies, um die erstarrten Finger ein wenig zu wärmen. Kein Wunder, dass es ihn so fror, da er sich Tag für Tag in der Hölle aufzuhalten gewohnt war, wo es bekanntlich nicht so kalt ist wie bei uns im Winter und wo er, eine weiße Mütze auf dem Kopfe gleich einem Küchenchef, die armen Sünder mit demselben Genuss brät wie ein altes Weib ihre Weihnachtswurst.

Selbst die Hexe fröstelte es, trotzdem sie warm angezogen war. Hoch erhobener Arme und ein Bein vorstreckend nahm sie daher die Haltung einer Schlittschuhläuferin an, sauste mit unbewegten Gliedern durch die Luft wie über einen steilen Eishang abwärts und fuhr in ihren Schornstein ein.

Der Teufel folgte ihr in der gleichen Weise unmittelbar nach. Und da dieses Vieh behänder ist als jeder seidenbestrumpfte Geck, so ist's nicht weiter erstaunlich, dass er seiner Liebsten schon beim Einflug in den Schornstein auf dem Nacken saß und sie beide zugleich im geräumigen Ofenloch zwischen allerhand Töpfen anlangten.

Die heimgekehrte Reiterin öffnete vorsichtig die Ofentür, um sich zu vergewissern, ob ihr Sohn Wakula keine Gäste eingeladen hätte. Als sie sah, dass niemand da war und dass nur einige Säcke in der Stube herumlagen, schlüpfte sie aus dem Ofen, warf ihren warmen Pelzmantel ab und ordnete ihre Kleider. Niemand hätte ihr ansehen können, dass sie noch einen Augenblick vorher auf dem Besen geritten war.

Die Mutter des Schmiedes Wakula zählte nicht mehr als vierzig Jahre. Weder schön noch hässlich (es ist schwer, in diesem Alter noch schön zu sein), hatte sie es indessen verstanden, einige der gesetzteren Kosaken, die im Übrigen der Schönheit ebenfalls nicht mehr allzu bedürftig waren, so zu bezaubern, dass außer dem Dorfschulzen auch der Küster Ossip Nikiforowitsch (natürlich nur, wenn die Küsterin nicht zu Hause war), der Kosak Kornij Tschub und der Kosak Kassjan Swerbygus sie häufig zu besuchen pflegten.

Zu ihrer Ehre sei es gesagt, dass sie äußerst geschickt mit ihnen umzugehen verstand: Kein Einziger von ihnen kam auf den Gedanken, irgendwelche Nebenbuhler zu haben. Ging so ein frommer Bauer oder «Edelmann» (wie die Kosaken sich gerne selber nannten) in seinem Kapuzenmantel sonntags in die Kirche – oder, wenn das Wetter schlecht war, in die Schenke –, warum sollten er nicht bei der Solocha vorsprechen, um ein paar fette Quarkkuchen mit Schlagsahne zu verzehren und sich in der warmen Küche mit der gesprächigen und gefälligen Hausfrau zu unterhalten? Der betreffende Edelmann machte zu diesem Zwecke oft einen beträchtlichen Umweg, ehe er die Schenke erreichte, und nannte das «unterwegs ein bisschen einkehren». Und wenn Solocha zuweilen an einem Feiertage in ihrem grellen Kopftuch, ihrer Nankingjacke und ihrem mit goldenen Bändern benähten Überrock in der Kirche erschien und sich dicht neben dem rechten Chor aufstellte, begann der Küster leise zu hüsteln und mit zwinkernden Augen nach jener Seite zu schauen; der Dorfschulze aber strich sich über den Schnurrbart, wickelte sich die Kosakenlocke ums Ohr und sagte zu seinem Nachbarn: «Ach, ist das ein Weib! Ein Teufelsweib ist das!» Solocha grüßte sie alle – und jeder glaubte, sie grüße ihn allein.

Wer es jedoch liebt, seine Nase in fremde Angelegenheiten zu stecken, hätte bald herausgefunden, dass Solocha zum Kosaken Tschub am liebenswürdigsten war. Tschub war Witwer. Vor seiner Hütte standen acht Getreideschober. Zwei Paar kräftiger Ochsen streckten immer ihre Köpfe aus dem Flechtwerk des Stalles auf die Straße hinaus und muhten laut, wenn sie eine Gevatterin Kuh oder einen Gevatter Stier vorbeitrotten sahen. Ein bärtiger Ziegenbock kletterte hin und wieder aufs Dach und meckerte von dort aus so schrill wie der Stadthauptmann, um die sich auf dem Hofe herumtollenden Truthühner zu ärgern, oder drehte seinen Feinden, den Dorfbuben, die ihn wegen seines Bartes hänselten, den Hintern zu. In den Truhen Tschubs lagen viele Leinwandstücke, kostbare Schupans und altertümliche, mit Goldborten verzierte Röcke; denn seine verstorbene Frau hatte sich sehr zu putzen geliebt. In seinem Gemüsegarten wuchsen nicht nur Mohn, Kohl und Sonnenblumen, es wurden auch alljährlich zwei große Beete mit Tabakstauden bepflanzt. Solocha hielt es durchaus nicht für abwegig, dies alles mit ihrer eigenen Wirtschaft zu vereinigen, und stellte schon im Voraus Betrachtungen darüber an, welche Ordnung dort herrschen würde, wenn es in ihre Hände geriete. Sie verdoppelte daher ihr Wohlwollen für den alten Tschub. Damit aber ihr Sohn Wakula sich nicht auf irgendeine Weise an dessen Tochter heranmachte, alles für sich einheimste und sie, die Solocha, daran hinderte, sich in irgendetwas einzumischen, nahm sie ihre Zuflucht zum üblichen Mittel aller vierzigjährigen Frauenzimmer: Sie versuchte, den alten Tschub nach Möglichkeit mit dem Schmied zu entzweien.

Vielleicht trugen gerade diese Listen und Machenschaften dazu bei, dass die alten Dorfweiber bei fröhlichen Zusammenkünften, wenn man ein wenig über den Durst getrunken hatte, einander zutuschelten, Solocha sei in der Tat eine Hexe; der junge Kosak Kissjakolupenko habe bei ihr hinten einen Schwanz von der Größe einer Weiberspindel festgestellt; erst am vorigen Donnerstag sei sie als schwarze Katze über die Straße gelaufen; auch sei sie einmal als Sau bei der Popenfrau eingedrungen, habe dort wie ein Hahn gekräht, sich die Mütze Vater Kondrats aufgesetzt und sich dann wieder auf und davon gemacht.

Es fügte sich so, dass, gerade als die alten Weiber wieder einmal von alledem schwatzten, der Kuhhirt Tymisch Korostjawy hinzukam und es nicht unterlassen konnte zu erzählen, dass er einmal im Sommer, kurz vor Peter und Paul, sich mit einem Heubündel unter dem Kopf im Stall zum Schlafen niedergelegt und mit eigenen Augen gesehen habe, wie die Hexe mit aufgelösten Haaren und im bloßen Hemde die Kühe molk; er sei so gelähmt gewesen, dass er sich nicht habe rühren können. Überdies habe sie ihm die Lippen mit einer so widerwärtigen Flüssigkeit bestrichen, dass er den ganzen Tag fortwährend habe ausspucken müssen.

Das alles schien indessen nicht ganz glaubwürdig, da ja nur der Assessor von Sorotschinzy eine Hexe untrüglich zu erkennen vermochte. Die angeseheneren Kosaken machten daher, wenn ihnen diese Gerüchte zu Ohren kamen, nur eine wegwerfende Handbewegung. «Sie schwindeln, diese Hundeweiber!», hieß es bei ihnen.

Als sie aus dem Ofenloch gekrochen war und ihre Kleider in Ordnung gebracht hatte, machte sich Solocha als gute Hausfrau gleich daran, die Stube aufzuräumen. Nur die Säcke rührte sie nicht an: «Die hat Wakula gebracht, mag er sie selber fortschaffen!»

Der Teufel aber hatte beim Einflug in den Schornstein sich unwillkürlich ein wenig umgeblickt und wahrgenommen, wie Tschub, Arm in Arm mit seinem Gevatter, sich schon weit von seiner Hütte entfernt hatte. Augenblicks flog er aus dem Ofenloch ins Freie hinaus, überholte das Paar und begann von allen Seiten den gefrorenen Schnee aufzuwühlen, sodass die Flocken in einem Wirbelsturm dahintrieben und die ganze Luft mit ihrem weißen Gestöber erfüllten. Wie ein Netz flatterten sie hin und her und drohten den Fußgängern Augen, Mund und Ohren zu verkleben.

Darauf fuhr der Teufel wieder in den Schornstein Solochas ein, fest davon überzeugt, Tschub werde jetzt mit seinem Gevatter umkehren, den Schmied in seinem Hause antreffen und ihn so traktieren, dass dieser lange nicht mehr imstande sein werde, einen Pinsel in die Hand zu nehmen und beleidigende Karikaturen zu malen.

V

Und in der Tat – kaum dass das Schneegestöber sich erhoben und der Wind angefangen hatte, ihm gerade ins Gesicht zu schlagen, als Tschub schon Reue äußerte. Er zog seine Kapuze tiefer über den Kopf und bedachte sich selber, den Gevatter und den Teufel mit argen Schimpfworten. Nichtsdestoweniger war dieser Ärger nur geheuchelt, denn eigentlich freute sich Tschub über das Gestöber. Bis zum Küsterhause war es noch achtmal so weit, als sie schon gegangen waren. Die Wanderer machten also kehrt. Der Wind blies ihnen jetzt in den Nacken. Doch im Flockenwirbel war nichts mehr zu erkennen.

«Halt, Gevatter! Mir scheint's, wir sind vom Wege abgekommen», sagte Tschub nach einigen Schritten. «Keine einzige Hütte ist zu sehen. Ach, ist das ein Schneesturm! Such doch etwas seitwärts nach dem Wege. Ich will inzwischen hier suchen. Musste uns auch der Leibhaftige bei solchem Wetter aus dem Hause treiben! Vergiss nicht zu rufen, wenn du den Weg gefunden hast. Pfui Teufel, was für Schneemassen der Satan einem in die Augen geworfen hat!»

Doch von einem Wege war nichts zu sehen. Der Gevatter, der seitwärts gestapft war, irrte in seinen langen Stiefeln ratlos hin und her und stieß schließlich mit der Nase auf die Schenke. Diese Entdeckung versetzte ihn in solch ein Entzücken, dass er alles vergaß, den Schnee von sich abschüttelte und in der Schenke verschwand, ohne sich um den auf der Straße zurückgebliebenen Tschub zu kümmern.

Dieser wiederum glaubte den Weg gefunden zu haben, machte halt und schrie aus voller Kehle. Doch da der Gevatter sich gar nicht zeigen wollte, beschloss er, allein weiterzugehen. Bald darauf erblickte er seine Hütte. Vor der Tür und auf dem Dach türmten sich ganze Berge von Schnee. Er klatschte in die verfrorenen Hände, pochte an und befahl der Tochter, dass sie ihm öffnen solle.

Da trat der Schmied aus der Tür und fuhr ihn rau an: «Was hast du hier zu suchen?»

Tschub erkannte die Stimme des Schmiedes und wich ein wenig zurück.

«Nein, das ist nicht meine Hütte», dachte er, «der Schmied würde es nicht gewagt haben, sie zu betreten. Doch wenn ich genauer hinschaue, so ist's auch nicht die seine. Wessen Hütte es nur sein mag? Halt, ich hab's! Dass ich sie auch nicht gleich erkannte! Sie gehört ja dem Kosaken Ljewtschenko, der sich kürzlich ein junges Weib zugelegt hat. Die einzige Hütte im Dorf, die meiner ungefähr ähnlich sieht. Mir kam's ja gleich ein wenig sonderbar vor, schon so rasch zu Hause angelangt zu sein … Aber Ljewtschenko hockt heute Abend beim Küster, das weiß ich ganz genau. Was hat der Schmied hier zu tun? Hehehe! Er hat die junge Frau besucht … Da haben wir's! Ausgezeichnet! … Jetzt verstehe ich alles …»

«Wer bist du? Und warum treibst du dich vor fremden Türen herum?», fragte der Schmied noch rauer als vorher und trat ganz dicht an ihn heran.

Nein, dachte Tschub, ich sag's ihm nicht, wer ich bin.

Sonst kriegt er es noch fertig und verprügelt mich, dieser Satansssprössling!

Er antwortete also mit verstellter Stimme:

«Ich bin's, guter Mann. Ich bin gekommen, Euch vor dem Fenster mit einigen Weihnachtsliedern zu erfreuen.»

«Seher dich zum Teufel mit deinen Weihnachtsliedern!», schrie Wakula voller Wut. «Was stehst du noch da? Kannst du nicht hören? Du sollst dich schleunigst davonmachen!»

Tschub hatte schon selbst diese Absicht gehegt. Es ärgerte ihn aber, dass er den Befehlen des Schmiedes gehorchen sollte. Als wenn ihn ein böser Geist zum Widerspruch triebe, rief er immer noch mit verstellter Stimme:

«Was schreist du so? Ich will nun aber einmal meine Weihnachtslieder singen. Und damit Schluss!»

«Aha! Man muss dir also anders als mit bloßen Worten kommen!»

Im selben Augenblick fühlte Tschub einen schmerzhaften Schlag auf der Schulter.

«So? Prügeln willst du also auch noch?», stieß er, einige Schritte zurückweichend, hervor.

«Mach dich fort! Pack dich!», schrie der Schmied und versetzte Tschub einen neuen Schlag.

«Was fällt dir ein?», rief Tschub mit einer Stimme, in der sich Schmerz, Ärger und Furcht mischten; «du haust wirklich nicht nur zum Spaß. Es tut ja ordentlich weh.»

«Pack dich!», brüllte der Schmied, ging in die Hütte zurück und schlug die Tür hinter sich zu.

«Schau einer an, wie der sich aufspielt!», rief ihm der auf der Straße allein zurückgebliebene Tschub nach; «versuch's nur und komm heran! Du bist mir einer! Blähst dich auf wie ich weiß nicht was. Du glaubst wohl, es gibt keine Gerichte für dich? Nein, mein Täubchen. Augenblicks gehe ich zum Kommissar. Du wirst mich schon kennenlernen! Was schert's mich, dass du Schmied und Maler bist? ... Ich sollte meinen Rücken und meine Schultern untersuchen, sicher werden blaue Flecke zu finden sein. Tüchtig hat er zugehauen, dieser Teufelssohn. Schade nur, dass es so kalt ist und ich meinen Pelz nicht ausziehen mag. Warte nur, Höllenschmied! Der Satan soll dich und deine Schmiede zusammenschlagen! Ich werde dir noch das Tanzen beibringen. So ein verfluchter Tausendsassa! ... Doch jetzt ist er ja nicht zu Hause ... Solocha wird allein sein ... Hm ... Es ist nicht mehr weit bis zu ihr ... Die Hiebe des verdammten Schmiedes tun wirklich weh ...»

Tschub kratzte sich am Rücken und schlug eine andere Richtung ein. Die Annehmlichkeiten, die ihn beim Wiedersehen mit Solocha erwarteten, dämpften ein wenig seine Schmerzen und machten ihn sogar gegen den Frost unempfindlich, der auf allen Straßen knirschte und nicht einmal vom Heulen des Windes übertönt werden konnte. Über sein Gesicht, dessen Wangen und Schnurrbart vom Schneesturm rascher eingeseift wurden als von irgendeinem Barbier, der sein Opfer tyrannisch an der Nase packt, glitt von Zeit zu Zeit ein sauersüßer Ausdruck. Wenn einem nicht der Schnee so vor den Augen getanzt hätte, dass man nichts unterscheiden konnte, so hätte man noch lange sehen können, wie Tschub hin und wieder stehen blieb, sich den Rücken rieb, laut ächzte: «Der hat mich aber gehörig versohlt, dieser verdammte Schmied!» – und sich dann weitertrollte.

VI

Als der geschwänzte, bocksbärtige Galan wieder in den Schornstein Solochas einfuhr, verhakte sich seine an einem Riemen hängende Tasche, in die er den gestohlenen Mond gesteckt hatte, unversehens an einem Mauervorsprung und ging auf. Der Mond benutzte diese Gelegenheit, schlüpfte aus dem Schornstein ins Freie und schwebte leicht zum Himmel empor. Alles wurde auf einmal hell. Und der Schneesturm war wie nicht gewesen. Draußen funkelte alles wie ein weites, mit kristallenen Sternen besätes Gefild. Auch der Frost schien nachgelassen zu haben. Scharen jungen Volks zogen mit Säcken durch die Straßen, Lieder schollen auf, und es gab kaum ein Fenster, unter dem sich nicht die Weihnachtssinger drängten.

Wundersam glänzt der Mond. Es ist schwer zu beschreiben, wie schön es ist, sich unter die lachenden und singenden Mädchen und Burschen zu mischen, die zu allen Späßen und Streichen bereit sind, wie die helle und heitere Nacht sie ihnen eingibt. Unter den dicken Pelzen ist es warm; die Wangen glühen noch lebhafter vom Frost – und der Gottseibeiuns selbst scheint die Übermütigen zu immer größeren Tollheiten anzutreiben.

Ein ganzer Haufe von Mädchen mit ihren Säcken war in die Hütte Tschubs eingefallen und umringte Oxana. Ihr Geschrei, Gelächter und Geschwätz betäubte den Schmied. Alle redeten ohne Unterlass auf die Schöne ein, erzählten Neuigkeiten, kramten ihre Säcke aus und rühmten sich all der Kuchen, Würste und Krapfen, die sie schon für ihre Lieder erhalten hatten. Oxana schien überaus vergnügt und froh zu sein, plauderte bald mit dieser, bald mit jener und lachte unausgesetzt.

Mit welchem Ärger, welchem Neid sah der Schmied diesem lustigen Getriebe zu und verfluchte insgeheim alle diese Weihnachtslieder, von denen er doch sonst selber immer so entzückt gewesen war.

«Ach, Odarka», wandte sich Oxana an eines der Mädchen, «du hast ja neue Schuhe an. O wie sind die schön! Mit Gold bestickt. Wie gut bist du dran, dass du jemand hast, der dir so etwas kauft. Ich habe niemand, der mir so prächtige Schuhe schenken würde.»

«Gräm dich nicht, schönste Oxana», fiel da der Schmied ein, «du sollst von mir Schuhe bekommen, wie kein Fräulein sie trägt.»

«Du?!», erwiderte Oxana mit einem raschen, hochmütigen Seitenblick, «das wollen wir doch erst sehen, ob du mir Schuhe verschaffen kannst, die ich anziehen mag! Es sei denn, du brächtest mir Schuhe, wie die Zarin selber sie trägt.»

«Da hört ihr's, worauf sie hinauswill!», rief lachend der Mädchenschwarm.

«Jawohl», fuhr die Schöne stolz fort, «ihr alle sollt Zeugen sein! Wenn mir der Schmied Wakula die Schuhe der Zarin bringt, so verpfände ich mein Wort, dass ich ihn zur selben Stunde heiraten werde.»

Die Mädchen umringten die launische Gespielin und zogen sie mit sich fort.

«Lach nur! Lach nur!», sagte sich der Schmied, der hinter ihnen die Hütte verließ. «Ich lache ja selbst über mich. Ich grüble und grüble, wo ich nur meinen Verstand gelassen habe. Sie liebt mich nicht. Nun gut – Gott mit ihr! Als ob es auf der ganzen Welt nur diese eine Oxana gäbe! Es gibt, Gott sei Dank!, auch ohne sie noch viele schöne Mädchen im Dorf. Was soll ich mit Oxana? Aus ihr wird nie eine gute Frau werden. Nur aufs Putzen versteht sie sich und auf nichts anderes. Nein – genug! Ich lasse mich nicht länger zum Narren halten!»

Doch gerade als der Schmied diesen Entschluss fassen wollte, zauberte ihm irgendein böser Geist ihr lächelndes Antlitz vor die Augen, und er hörte im Herzen ihre spöttische Stimme: «Schaffe mir die Schuhe der Zarin herbei, Schmied – und ich heirate dich.» Alles wallte in ihm empor, und er dachte wieder an nichts als an Oxana.

Scharen von Weihnachtssingern, Burschen und Mädchen in getrennten Gruppen, eilten von einer Straße in die andere. Doch der Schmied stolperte vor sich hin, sah nichts und hörte nichts und nahm nicht teil am fröhlichen Treiben, das er früher über alles geliebt hatte.

VII

Der Teufel war unterdessen bei Solocha allen Ernstes zärtlich geworden. Er küsste ihr mit ebensolchen Grimassen die Hand wie der Assessor die der Popentochter, griff sich ans Herz, seufzte tief auf und erklärte ihr feurig, dass er, wenn sie seine Leidenschaft nicht stillen und ihn nicht, wie es sich gehöre, belohnen wolle, zu allem fähig wäre: Er würde sich ins Wasser stürzen und seine Seele gradenwegs in die Hölle schicken.

Solocha war durchaus nicht grausam. Sie stak mit dem Teufel ja sowieso unter einer Decke, da sie es liebte, wenn ihr ein ganzer Schwarm von Verehrern nachlief, sodass sie selten ohne Gesellschaft war. Den heutigen Abend allerdings hätte sie allein verbringen müssen; denn sie wusste, dass alle angeseheneren Leute beim Küster zum Honigreisessen eingeladen waren.

Doch alles kam ganz anders. Eben erst hatte der Teufel seinen Antrag vorgebracht, als es plötzlich an der Haustür klopfte und man die Stimme des wohlbeleibten Dorfschulzen vernahm. Solocha beeilte sich, ihm aufzumachen; der flinke Teufel aber schlüpfte rasch in einen der Säcke.

Der Dorfschulze schüttelte sich den Schnee von der Kapuze, trank das Gläschen Schnaps, das er aus Solochas Händen entgegengenommen, aus und erzählte, dass er wegen des plötzlichen Schneesturms nicht zum Küster gegangen sei. Da habe er Licht in ihrem Fenster gesehen und sei bei ihr eingekehrt, in der Hoffnung, den Abend mit ihr verbringen zu dürfen.

Er hatte noch nicht zu Ende gesprochen, da pochte es von Neuem an die Haustür, und man hörte die Stimme des Küsters rufen.

«Versteck mich irgendwo», flüsterte der Dorfschulze ihr zu, «ich möchte hier nicht mit dem Küster zusammentreffen.»

Solocha dachte lange darüber nach, wo sie einen so umfangreichen Gast verbergen könne. Endlich verfiel sie auf den größten Sack, der mit Kohlen gefüllt war, schüttelte die Kohlen in eine Kiste und ließ den dicken Dorfschulzen mit Kopf, Kapuze und Schnurrbart in den Sack kriechen.

Der Küster kam ächzend herein, rieb sich die Hände und erzählte, dass niemand zu ihm gekommen sei. Er für seine Person scheue nicht das Unwetter, wie die andern, und danke dem Zufall für die Möglichkeit, sich bei Solocha ein wenig zu verlustieren. Damit trat er auf sie zu, betastete mit seinen langen Fingern ihren runden, entblößten Arm und fragte mit einem zugleich schlauen und selbstgefälligen Blick:

«Ja was habt ihr denn da, meine prächtige Solocha?»

Dabei hüpfte er ein paar Schritte zurück.

«Was ich da habe?», antwortete Solocha, «das ist mein Arm, Ossip Nikiforowitsch.»

«Hm ... Euer Arm also ...», meinte der Küster, herzlich zufrieden mit diesem Anfang, und ging einige Male im Zimmer auf und ab.

«Und das?», fragte er, mit dem gleichen Blick an sie herantretend und leicht ihren Nacken tätschelnd, «was ist denn das da, meine teuerste Solocha?»

Wieder hüpfte er ein paar Schritte zurück.

«Als ob Ihr das nicht wüsstet, Ossip Nikiforowitsch!», antwortete Solocha, «das ist mein Hals und um den Hals eine Halskette.»

«Hm ... Ein Hals und eine Halskette ... Hehehe», kicherte der Küster und nahm von Neuem seinen Rundgang durch die Stube auf.

«Und das? Was ist das, meine unvergleichliche Solocha?»

Niemand weiß, wonach der lüsterne Küster jetzt mit seinen langen Fingern gegriffen hätte; denn es wurde plötzlich an die Haustür geklopft, und man vernahm die Stimme des Kosaken Tschub.

«O Gott! Ein Fremder!», rief der Küster erschrocken aus. «Was wird das geben, wenn man eine Person meines Standes hier entdeckt? ... Es könnte Vater Kondrat zu Ohren kommen.»

Die wirklichen Befürchtungen des Küsters waren ganz andere: Er zitterte davor, dass seine Ehehälfte es erfahren könnte, deren schreckliche Hand auch ohnedies seinen einst stattlichen geistlichen Schopf gelichtet hatte.

«Um Gottes willen, tugendsame Solocha», flehte er mit schlotternden Gliedern, «Eure Güte, so steht's schon im Lukasevangelium, Kapitel drei ... dreizehn ... Es klopft wieder. Bei Gott, es klopft ... O versteckt mich, versteckt mich, wo es auch sei.»

Solocha leerte einen anderen Sack in die Kohlenkiste, und der nicht sehr große Küster kroch hinein und kauerte sich ganz am Boden nieder, sodass man noch eine tüchtige Portion Kohlen über ihn hätte ausschütten können.

«Guten Abend, Solocha», sagte Tschub beim Eintreten, «du hast mich wohl nicht erwartet, wie? Störe ich vielleicht?», fuhr Tschub fort und setzte eine scherzhaft bedeutsame Miene auf, die schon im Voraus erkennen ließ, dass sein nicht sehr erfinderischer Kopf sich abmühte, irgendeine scharfsinnige und treffende Bemerkung loszulassen. «Vielleicht hast du dich gerade mit irgendjemand vergnügt und ihn am Ende irgendwo versteckt, wie?»

Entzückt über diesen Witz, lachte Tschub laut auf und triumphierte innerlich, da er sich für den Einzigen hielt, der sich der Gunst Solochas erfreute.

«Nun, Solocha, gib mir erst mal einen Schnaps. Meine Kehle ist wie zugefroren von dieser verfluchten Kälte draußen. Musste uns Gott auch gerade zu Weihnachten solch ein Unwetter schicken! … Als der Schneesturm losbrach … Hörst du, Solocha … als der Schneesturm losbrach … Ach, mir sind die Finger ganz steif geworden, ich kann mir nicht einmal mehr den Pelz aufknöpfen … Als der Schneesturm losbrach …»

«Mach auf!», ertönte draußen eine von einem Schlag gegen die Tür begleitete Stimme.

«Da klopft jemand», sagte Tschub und hielt inne.

«Mach auf!», rief es noch lauter.

«Der Schmied!», stieß Tschub hervor und griff nach seiner Pelzkappe. «Höre, Solocha, versteck mich, wo du nur willst! Für nichts auf der Welt möchte ich es haben, dass diese verfluchte Missgeburt mich hier sieht. Dass diesem Teufelssohn Blasen unter den Augen anlaufen mögen, groß wie Heuschober!»

Solocha war selber erschrocken, rannte wie gestochen hin und her und machte, fast von Sinnen, Tschub ein Zeichen, er möge in denselben Sack kriechen, in dem schon der Küster stak. Der arme Küster wagte weder durch ein Hüsteln noch ein Ächzen seinen Schmerz kundzutun, als der schwere Kosak sich ihm beinahe auf den Kopf setzte und ihm mit seinen hartgefrorenen Stiefeln die Schläfen zusammenpresste.

Der Schmied trat wortlos, ohne die Mütze abzunehmen, ein und ließ sich gleich auf eine Bank niederfallen. Er schien in schlechtester Laune zu sein.

Solocha hatte eben erst die Tür geschlossen, als schon wieder angeklopft wurde. Es war der Kosak Swerbygus. Doch den hätte man auf keine Weise mehr in einem Sack verstecken können, da es einen so großen Sack überhaupt nicht gab: Er war noch viel dicker als der Dorfschulze und hochwüchsiger als Tschubs Gevatter. Solocha führte ihn daher in den Gemüsegarten, um zu hören, was er ihr mitzuteilen hätte.

Der Schmied blickte zerstreut in alle Stubenwinkel und horchte hin und wieder auf die fern vom Dorf herüberhallenden Lieder der Weihnachtssinger. Schließlich blieben seine Augen auf den Säcken haften.

«Warum stehn hier diese Säcke? Man hätte sie schon lange forträumen müssen. Diese blöde Liebe hat mich ganz dumm gemacht. Morgen ist Feiertag – und in der Stube liegt noch solch ein Plunder herum. Ich will sie in die Werkstatt tragen.»

Er bückte sich zu den Säcken nieder, band sie fest zu und wollte sie sich auf die Schultern laden. Doch seine Gedanken irrten ersichtlich Gott weiß wo herum, sonst hätte er hören müssen, wie Tschub aufstöhnte, als ihm die Haare in den Knoten des Strickes hineingerieten, mit dem der Sack zugebunden wurde, und wie der feiste Dorfschulze deutlich vernehmbar den Schluckauf bekam.

«Kann ich denn diese nichtsnutzige Oxana wirklich nicht aus meinem Kopfe bringen?», murmelte der Schmied vor sich hin. «Ich will nicht an sie denken – und denke trotzdem an sie und an nichts anderes als sie. Wie kommt es nur, dass solch ein Gedanke sich wider meinen Willen in meinen Kopf einschleichen kann? … Teufel auch! Die Säcke scheinen schwerer als früher geworden zu sein. Da hat man sicher noch irgendetwas anderes zu den Kohlen hinzugetan … Tropf, der ich bin! Ich vergaß ganz, dass mir jetzt alles schwerer vorkommt. Früher konnte ich mit der Hand ein kupfernes Fünfkopekenstück oder ein Hufeisen zusammendrücken und wieder auseinanderbiegen. Und jetzt kann ich nicht einmal mehr einen Sack mit Kohlen aufheben … Nein!», schrie er nach einem kurzen Schweigen auf und fasste wieder Mut; «bin ich denn ein altes Weib? Niemand soll über mich lachen dürfen! Und wenn es zehn solcher Säcke wären – ich hebe sie alle auf!»

Ingrimmig lud er sich die Säcke, die sonst kaum zwei starke Männer fortzutragen vermocht hätten, auf seine Schultern.

«Auch den da nehm ich noch mit», knurrte er und ergriff den kleineren Sack, in dem der zusammengekrümmte Teufel stak. So bepackt, verließ er die Hütte und pfiff dazu das Lied:

«Lass die Finger von den Weibern!»

VIII

Lauter und lauter schollen Gesang, Gelächter und Geschrei durch die Straßen. Das Gedränge vermehrte sich noch durch den Zuzug von Gästen aus den Nachbardörfern. Die Burschen tobten und tollten nach Herzenslust. In die Weihnachtshymnen mischten sich häufig ausgelassene Stegreiflieder, die dieser oder jener der jungen Kosaken im Augenblick erfunden hatte. Und auf einmal ließ jemand aus der Menge anstatt eines Weihnachtsliedes ein altes Silvesterlied ertönen und sang aus vollem Halse:

«Jahrende, Jahrwende!
Tut auf eure Hände!
Schenkt Kuchen und Wurst
und Schnaps für den Durst!»

Dröhnendes Lachen belohnte den Spaßmacher. Kleine Fenster wurden hochgeschoben, und die mageren Hände von alten Weibern (die allein mit den würdigen Vätern zu Hause geblieben waren) warfen Würste und Kuchenstücke hinaus. Die Burschen und Mädchen hielten abwechselnd ihre Säcke unter und fingen die Beute auf.

An einer Straßenecke umringten von allen Seiten herbeieilende Burschen einen Mädchenschwarm. Man schrie und lärmte. Einer warf einen Schneeball unter die Johlenden. Ein anderer riss einen mit Leckerbissen gefüllten Sack an sich. An einer anderen Straßenecke erging es einem Burschen schlecht: Die Mädchen hatten ihm ein Bein gestellt – und er flog mit seinem Sack kopfüber in den Schnee.

Es sah aus, als wenn die Jugend die ganze Nacht durchjubeln wollte. Und die Nacht war wie mit Absicht licht und warm geworden. Der Mondglanz leuchtete im Widerschein des Schneegeglitzers immer weißer.

Der schwer mit seinen Säcken bepackte Schmied blieb plötzlich stehen. Ihm war, er habe in einer Mädchenschar die Stimme und das helle Lachen Oxanas vernommen. Es zuckte in all seinen Adern. Er ließ die Säcke zu Boden fallen, dass der eingeschnürte Küster ächzte und der Dorfschulze aufheulte, und mischte sich, nur noch den kleineren Sack mit dem Teufel auf den Schultern, unter einige

Burschen, die jener Mädchenschar nachliefen, in deren Mitte er die Stimme Oxanas erkannt zu haben glaubte.

«Ja, sie ist es! Wie eine Zarin steht sie da und lässt ihre schwarzen Augen funkeln. Der lange Bursche dort scheint ihr etwas zu erzählen. Wahrscheinlich etwas Lustiges, denn sie lacht. Aber sie lacht ja immer.»

Wie gegen seinen Willen hatte der Schmied sich durch die Schar gedrängt und stand jetzt dicht vor ihr.

«Ah, Wakula! Bist du auch da? Willkommen!», rief ihm die Schöne mit demselben spöttischen Lächeln zu, mit dem sie ihn stets um seinen Verstand brachte; «nun, hast du dir viel zusammengesungen? Ach, was für ein kleiner Sack! Wo sind die Schuhe der Zarin? Bring sie mir – und ich heirate dich.»

Sie lachte und lief mit den Mädchen davon.

Wie angewurzelt blieb der Schmied auf demselben Fleck stehen.

«Nein, ich kann nicht mehr. Alle Kraft hat mich verlassen», grollte er in sich hinein; «o Gott, warum ist sie nur so teuflisch schön? Ihre Blicke und Worte und überhaupt alles an ihr macht mich brennen und flammen ... Nein, ich kann's nicht länger ertragen. Es ist Zeit, mit allem Schluss zu machen. Mag meine Seele zugrunde gehn! Ich ertränk mich im Eisloch – und niemand soll mich mehr bei meinem Namen rufen können!»

Entschlossenen Schrittes lief er vorwärts, holte die Mädchen ein, fand Oxana und sagte ihr mit fester Stimme:

«Leb wohl, Oxana! Fang dir einen andern Mann und lass ihn am Narrenseil herunter. Mich wirst du auf dieser Welt nicht mehr wiedersehen!»

Die Schöne schien erstaunt und wollte ihm etwas antworten. Doch er winkte ihr mit der Hand ab und lief rasch davon.

«Wohin, Wakula?», schrien die Burschen, als sie ihn so dahinstürmen sahen.

«Lebt wohl, ihr Brüder!», rief er ihnen zu; «vielleicht sehen wir uns in jener Welt wieder. In dieser werden wir nicht mehr miteinander tollen. Lebt wohl! Denkt nicht in Bösem an mich. Sagt dem Vater Kondrat, er soll eine Messe für meine sündige Seele lesen. Die Kerzen vor den Bildern des heiligen Wundertäters und der Muttergottes hab ich Sünder, in weltliche Dinge verstrickt, nicht mehr bemalen können. Das Hab und Gut in meiner Truhe soll der Kirche gehören. Lebt wohl!»

Mit diesen Worten lief der Schmied, den Sack auf dem Rücken, weiter.

«Er ist verrückt geworden», sagten die Burschen.

«Eine verlorene Seele», murmelte fromm ein altes Weibchen, das gerade vorüberging, «ich muss rasch allen erzählen, dass der Schmied sich erhängt hat.»

IX

Als Wakula einige Straßen durchlaufen hatte, hielt er inne und schöpfte Atem.

«Wohin lauf ich denn?», dachte er; «als wenn schon alles verloren wäre! Noch gibt's ein Mittel, das ich nicht versucht habe. Es gibt ja den Saporoger Schmerbauch Patzjuk. Man sagt, er kenne alle Teufel und vermöge alles zu erreichen, was er nur wolle. Ich begebe mich zu ihm; meine Seele geht ja sowieso zugrunde!»

Der Teufel, der lange reglos im Sack gelegen, hüpfte bei diesen Worten vor Freude. Doch der Schmied glaubte, dass er sich irgendwie verhakt und selber die Bewegung verursacht hätte. Er gab dem Sack, um ihn zurechtzurücken, mit seiner harten Faust einen Stoß, schüttelte ihn mit einer Schulterbewegung durch und machte sich auf den Weg zum Schmerbauch Patzjuk.

Patzjuk war einst ein wirklicher Saporoger gewesen. Ob seine Kameraden ihn aus der Saporoger Kosakenniederlassung vertrieben hatten oder ob er selber fortgelaufen war, das wusste niemand mehr. Er wohnte schon zehn oder fünfzehn Jahre lang in Dikanjka. Anfangs hatte er sich wie ein echter Saporoger gegeben, das heißt, er hatte nichts gearbeitet, drei Viertel des Tages verschlafen, wie sechs Scheunendrescher gegessen und fast einen ganzen Eimer Schnaps auf einen Zug geleert. Er hatte genug Platz dazu in seinem Leibe; trotz seines niederen Wuchses war er stark in die Breite gegangen, und die Hosen, die er trug, waren so umfangreich, dass man seine Beine, wie weit er auch ausschreiten mochte, nie zu Gesicht bekam: Man hätte denken können, eine Branntweintonne wälze sich durch die Straßen. Das war wohl auch der Grund gewesen, dass man ihm den Spitznamen «Schmerbauch» verliehen hatte. Noch waren nur wenige Wochen seit seiner Niederlassung im Dorf vergangen gewesen, als ihn schon alle als Schwarzkünstler erkannt hatten. Erkrankte jemand, so wurde sofort nach ihm geschickt, denn er brauchte nur wenige Worte zu murmeln – und die Krankheit war wie mit der Hand weggewischt. Wenn einem allzu gefräßigen Edelmann eine Fischgräte im Halse stecken geblieben war, so verstand Patzjuk ihm so kunstvoll mit der Faust auf den Rücken zu klopfen, dass die Gräte den ihr vorbestimmten Weg nahm, ohne die adelige Gurgel im Geringsten zu schädigen. In der letzten Zeit war er nur selten zu sehen gewesen. Vielleicht lag das an seiner Trägheit, vielleicht aber auch daran, dass es ihm von Jahr zu Jahr schwerer fiel, sich durch seine Haustür hindurchzuzwängen. Die Einwohner mussten sich schon selbst zu ihm bemühen, wenn sie in Nöten waren.

Nicht ohne Scheu öffnete der Schmied die Tür zu Patzjuks Hütte und sah ihn mit auf türkische Weise gekreuzten Beinen vor einem Branntweinfass am Boden hocken, auf dem eine Schüssel mit Klößen stand. Diese Schüssel war mit Absicht so aufgestellt, dass sie sich in ungefähr gleicher Höhe mit seinem Munde befand. Ohne einen Finger zu rühren, schlürfte er mit leicht geneigtem Kopf die Brühe ein und fasste von Zeit zu Zeit einen Kloß mit den Zähnen.

Nein, dieser da, dachte Wakula, ist noch fauler als Tschub: Der isst wenigstens mit dem Löffel, doch dieser mag nicht einmal die Hände heben.

Patzjuk war so sehr mit seinen Klößen beschäftigt, dass er das Eintreten Wakulas, der sich gleich beim Überschreiten der Schwelle tief vor ihm verneigte, gar nicht bemerkt zu haben schien.

«Ich komme mit einem besonderen Anliegen zu deiner Gnaden, Patzjuk», sagte Wakula und verneigte sich noch einmal.

Der feiste Patzjuk hob den Kopf, begann aber gleich wieder seine Klöße zu verschlingen.

«Die Leute erzählen sich ... Du darfst es aber nicht krummnehmen», stotterte der Schmied und fasste allen seinen Mut zusammen, «ich sage das nicht etwa, um dich irgendwie zu kränken ... Die Leute erzählen sich also, du seist gewissermaßen so ein ganz klein wenig mit dem Teufel verwandt ...»

Als er diese Worte hervorgebracht, schrak Wakula zusammen, in der Befürchtung, allzu deutlich geworden zu sein und seine offenherzige Rede nicht genügend gemildert zu haben. Er erwartete schon, Patzjuk werde das Fass mitsamt der Schüssel ergreifen und ihm an den Kopf schleudern, wich daher etwas zur Seite und schützte sich mit seinem Ärmel, damit ihm die heiße Kloßbrühe nicht ins Gesicht spritze.

Doch Patzjuk schaute nur auf und fiel wieder über seine Klöße her.

So ermutigt, fuhr der Schmied entschlossen fort:

«Ich bin also zu dir gekommen, Patzjuk. Gott schenke dir alles Gute im Überfluss und Brot in entsprechenden Proportionen!» (Der Schmied verstand es, hin und wieder ein neumodisches Wort einfließen zu lassen, das er seinerzeit in Poltawa aufgeschnappt hatte, als er den Zaun des Kosakenhauptmanns anpinselte.) «Ich armer Sünder muss vor die Hunde gehen. Niemand auf der ganzen Welt kann mir helfen. Komme, was kommen mag! Jetzt heißt es, den Teufel selbst um Beistand zu bitten ... Was meinst du, Patzjuk», fügte der Schmied, da der andere beharrlich schwieg, zaghaft hinzu, «was ist da zu machen?»

«Brauchst du den Teufel, so scher dich zum Teufel!», antwortete Patzjuk, ohne die Augen zu heben, und schlang weiter.

«Deswegen bin ich ja zu dir gekommen», erwiderte der Schmied mit einer neuen Verbeugung, «denn ich glaube, dass mir außer dir niemand auf der Welt den Weg zu ihm zeigen kann.»

Patzjuk sprach kein Wort und vertilgte den letzten Rest seiner Klöße.

«Erbarme dich, guter Mann, und schlag es mir nicht ab», beharrte der Schmied.

«Um Schweinefleisch, Wurst, Buchweizengrütze und Hirse soll es mir nicht leid sein. Auch nicht um Leinwand, wenn du welche brauchst ... wie das unter guten Menschen Sitte ist ... Alles sollst du von mir haben, wenn du mir nur verraten wolltest, wie ich sozusagen den Weg zum Teufel finde.»

«Der braucht nicht weit zu wandern, der den Teufel auf seinem eigenen Buckel trägt», gab Patzjuk gleichmütig Bescheid, ohne seine Stellung zu ändern.

Wakula starrte ihn an, als stünde die Erklärung für diese rätselhaften Worte auf Patzjuks Stirn geschrieben.

«Was hat er da gesagt?», schien seine Miene stumm zu fragen, und sein halb geöffneter Mund war bereit, die geringste Andeutung wie einen Kloß zu verschlingen.

Doch Patzjuk schwieg.

Da bemerkte Wakula, dass weder das Fass noch die Schüssel mit den Klößen mehr zu sehen waren. Anstatt ihrer standen zwei Holzschalen auf dem Fußboden, die eine mit Quarkkuchen, die andere mit Schlagsahne gefüllt. Seine Gedanken und Augen richteten sich unwillkürlich auf dieses Gericht.

«Wir wollen doch sehen», sagte er zu sich selbst, «wie Patzjuk die Quarkkuchen verspeist. Sich bis zur Erde niederzubeugen und sie wie die Klöße aufzuschlürfen, wird er sicherlich keine Lust haben. Es geht ja auch gar nicht an, denn die Quarkkuchen müssen zuvor in den Rahm getunkt werden.»

Er hatte das noch kaum zu Ende gedacht, als Patzjuk seine Lippen öffnete, die Quarkkuchen anschaute und den Mund noch weiter aufriss. In diesem Augenblick erhob sich ein Quarkkuchen von selbst aus der Schüssel, tauchte in den Rahm ein, drehte sich in ihm herum, hüpfte wieder empor und flog geradenwegs in den aufgesperrten Mund. Patzjuk verschluckte ihn, öffnete wieder die Lippen – und ein neuer Kuchen fand den Weg in seinen Mund. Er selber hatte nur die Mühe des Kauens und Schluckens auf sich zu nehmen.

«Donnerwetter, ist das aber ein Wunder!», dachte der Schmied und riss erstaunt seinen Mund auf. Im selben Nu sah er, wie auch ihm ein Quarkkuchen in den Mund fliegen wollte und seine Lippen schon mit Rahm benetzt hatte. Den Kuchen von sich stoßend und die Lippen abwischend, versank der Schmied in Nachdenken darüber, welche Wunderdinge die unsaubere Kraft zu wirken und welche Kunststücke sie den Menschen beizubringen vermag. Das überzeugte ihn von Neuem, dass einzig Patzjuk ihm helfen könne.

«Ich will mich noch einmal vor ihm verneigen, damit er mir alles richtig auseinandersetze», sagte er sich. «Doch pfui! Morgen ist Weihnachten – und er isst Quarkkuchen mit Schlagsahne. Das ist doch kein Fastenessen. Ich bin ja ein Tropf: Ich stehe da und nehme diese Sünde auf mich. … Fort von hier!»

Und der fromme Schmied floh spornstreichs aus der Hütte.

Der Teufel indessen, der im Sack saß und sich schon im Voraus auf diese prächtige Beute gefreut hatte, mochte sie sich nicht entgehen lassen. Als der Schmied den Sack für einen Augenblick abwarf, sodass der Strick, mit dem dieser zugebunden war, sich lockerte, schlüpfte der Pferdefüßige hurtig ins Freie und schwang sich rittlings auf Wakulas Nacken.

Ein Frostschauer überlief die Haut des Schmiedes. Er wurde kreideweiß vor Schreck und wusste nicht, was er machen sollte. Schon wollte er sich bekreuzigen. Da beugte der Teufel seine Hundeschnauze zu ihm nieder und flüsterte ihm ins rechte Ohr:

«Ich bin's, dein Freund! Ich tue alles für einen Freund und Kameraden.»

Und ins linke Ohr flüsterte er ihm:

«Geld sollst du haben, wie viel du nur willst. Heute noch wird Oxana unser sein.»

Er machte gerade eine Bewegung, um die Schnauze wieder dem rechten Ohr Wakulas zu nähern, als dieser, der grübelnd stehen geblieben war, ihm zurief:

«Es ist gut. Um diesen Preis will ich dein sein!»

Der Teufel klatschte in die Hände und fing vor Freude auf dem Nacken Wakulas beinahe zu galoppieren an.

«Jetzt bist du mir auf den Leim gegangen, Schmied!»,

dachte er. «Jetzt werde ich mich an dir wegen all deiner Malereien und Lügenmärchen, die du den Teufeln angehängt hast, rächen. Was werden meine Kameraden in der Hölle sagen, wenn sie erfahren, dass der frömmste Mann des Dorfes in meinen Händen ist!»

Er lachte vergnügt auf, als er sich vorstellte, wie er sich in der Hölle vor der ganzen Horde der Geschwänzten aufspielen und den hinkenden Oberteufel, der sich immer für den Allerschlausten hielt, ärgern würde.

«Nun, Wakula», piepste er, immer noch auf dem Nacken des Schmiedes hockend, als befürchtete er, dieser könne ihm vielleicht doch noch entwischen, «du weißt ja, dass ohne Vertrag nichts in der Welt ausgerichtet werden kann.»

«Ich bin bereit», erwiderte der Schmied. «Wie ich gehört habe, unterzeichnet man bei euch mit Blut. Warte, ich will einen Nagel aus meiner Tasche holen.»

Mit diesen Worten langte er mit der Hand nach hinten und packte den Teufel – heidi! – am Schwänze.

«Lass das, du Schäker!», schrie der Teufel kichernd, «genug der Späße!»

«Halt, mein Täubchen!», rief der Schmied. «Wie gefällt dir das da?»

Und schon schlug er ein Kreuz. Da wurde der Teufel sanft wie ein Lämmchen.

«Warte nur!», fuhr Wakula fort und zog ihn am Schwanz auf die Erde hinunter; «ich werde dich lehren, anständige Menschen und ehrliche Christen zur Sünde zu verführen!»

Und in einem Hui sprang er selber auf den Rücken des Teufels und erhob wieder die Hand, um ein Kreuz zu schlagen.

«Erbarm dich, Wakula», stöhnte der Teufel kläglich; «ich werde alles tun, was du nur willst. Nur verschone mich und zeichne mich nicht mit diesem schrecklichen Kreuz!»

«Aha, du singst schon ganz anders, verfluchter Ausländer! Jetzt weiß ich, wie ich mit dir umzugehen habe. Augenblicks trägst du mich auf deinem Rücken davon, hörst du? Rasch wie ein Vogel!»

«Wohin?», ächzte der betrübte Teufel.

«Nach Petersburg! Schnurstracks zur Zarin!»

Und der Schmied wurde fast ohnmächtig vor Angst, als er fühlte, wie sich der Teufel mit ihm flugs in die Lüfte erhob.

X

Lange stand Oxana da und dachte über die seltsamen Worte des Schmiedes nach. Schon regte sich etwas in ihrem Innern und tuschelte ihr zu, dass sie mit ihm zu grausam verfahren sei.

«Wie, wenn er sich nun wirklich zu etwas Schrecklichem entschlossen hätte? Das kann doch der Fall sein. Und wenn nicht, so könnte es doch geschehen, dass er sich am Ende vor Gram in eine andere verliebt und sie, um mich zu kränken, als die Schönste im ganzen Dorfe preist. Doch nein, er liebt mich ja. Ich bin doch so schön. Er wird nie um einer anderen willen von mir lassen. Er spaßt und tut nur so. Kaum zehn Minuten werden vergehn – und er ist wieder da, um nach mir zu sehen … Wirklich, ich bin zu streng mit ihm. Ich muss ihm, scheinbar wider Willen, gestatten, dass er mir einen Kuss raubt. Wie er sich darüber freuen wird!»

Und schon scherzte die leichtfertige Schöne wieder mit ihren Freundinnen.

«Passt auf!», rief eine von ihnen; «der Schmied hat hier seine Säcke liegen lassen. Schaut nur, wie seltsam die aussehen! Er hat sich etwas ganz anderes zusammengesungen als wir. Man hat ihm mindestens einen halben Hammel gespendet. Und die Würste und Brote sind wahrscheinlich gar nicht zu zählen. Prachtvoll! Da kann man sich während der ganzen Feiertage daran überessen!»

«Sind das die Säcke des Schmieds?», stimmte Oxana ein. «Dann wollen wir sie rasch zu mir in die Hütte tragen und nachschaun, was er sich alles erbeutet hat.»

Alle nahmen lachend den Vorschlag an.

«Wir können sie aber nicht aufheben!», riefen einige von ihnen, die sich vergebens abgemüht hatten, die Säcke von der Stelle zu rücken.

«Wartet», rief Oxana, «wir wollen einen Schlitten holen und sie so heimschaffen!»

Und die Schar lief auf der Suche nach einem Schlitten auseinander.

Den Gefangenen war es überdrüssig geworden, in den Säcken zu hocken, ungeachtet dessen, dass der Küster in dem seinen ein gehöriges Loch mit dem Finger ausgebohrt hatte. Wenn sich nicht so viel Volk auf der Straße herumgetrieben hätte, so würde er vielleicht doch noch ein Mittel gefunden haben, sich zu befreien und hinauszukriechen. Doch sein Erscheinen hätte ihn dem allgemeinen Gelächter

ter ausgesetzt. Das hielt ihn zurück, und er beschloss, unter den unhöflichen Stiefeln Tschubs aufstöhnend, alles Weitere abzuwarten.

Tschub selbst trachtete nicht weniger nach seiner Freiheit. Er fühlte, dass sich unter ihm etwas befand, auf dem es äußerst unbequem zu sitzen war. Doch als er den Beschluss seiner Tochter vernommen hatte, beruhigte er sich und gab alle Befreiungsgedanken auf; denn er sagte sich, dass es bis zu seiner Hütte mindestens hundert, wenn nicht zweihundert Schritte sein mochten; wenn er jetzt schon hinauskröche, müsste er seine Kleider ordnen, den Pelz zuknöpfen und den Gürtel festschnallen. Wie viel Arbeit! Außerdem war seine Pelzkappe bei Solocha geblieben. Mochten ihn doch die Mädchen auf dem Schlitten heimfahren!

Es kam jedoch ganz anders, als er erwartet hatte. Gerade als die Mädchen auseinandergelaufen waren, einen Schlitten zu holen, verließ der hagere Gevatter Tschubs verstimmt und missgelaunt die Schenke. Die Schankwirtin war durchaus nicht dazu geneigt gewesen, ihm etwas auf Kredit zu verabfolgen. Anfangs hatte er abwarten wollen, ob sich nicht irgendein frommer Edelmann in die Schenke verirren und ihn freihalten würde. Doch alle Edelleute waren wie zum Trotz zu Hause geblieben und verspeisten als ehrsame Christen ihre Weihnachtskuchen im Kreise ihrer Familien. Als nun der Gevatter so durch die Straßen stapfte und in seinem Herzen Betrachtungen über die Sittenverderbnis im Allgemeinen und über das steinerne Herz der den Schnaps verwaltenden Jüdin im Besonderen anstellte, stieß er auf die Säcke und blieb betroffen stehen.

«Ei, ei, was für Säcke da jemand auf der Straße liegen gelassen hat!», sagte er, sich nach allen Seiten umsehend. «Sicher ist auch Schweinefleisch dabei. Da hat aber einer einmal Glück gehabt, sich so viel zu ersingen. Was für gewaltige Säcke das sind! Nehmen wir einmal an, es seien nur Buchweizenkuchen und Brezeln darin – auch das ist nicht übel. Ja selbst gewöhnliche Brote wären mir willkommen. Denn die Jüdin würde mir für jedes Brot ein Achtelchen Schnaps geben. Ich will sie rasch fortschleppen, ehe jemand anders sie findet.»

Er versuchte sich den Sack mit dem Küster und Tschub auf den Rücken zu laden, fühlte aber gleich, dass die Last zu schwer für ihn war.

«Nein, ich allein schaff es nicht», sagte er sich. «Doch da kommt ja gerade, wie vom Himmel geschickt, der Weber Schupowalenko des Weges. Guten Abend, Ostap!»

«Guten Abend!», sagte der Weber und blieb stehn.

«Wohin des Wegs?»

«Ach, nur so. Wohin mich die Füße tragen.»

«Hilf mir, guter Mann, diese Säcke hier fortzuschleppen. Jemand hat sich da etwas zusammengesungen und dann alles auf der Straße liegen lassen. Teilen wir – halb und halb!»

«Diese Säcke da? Was ist drin? Kuchen oder nur Brot?»

«Mir scheint, von allem etwas.»

Sie brachen Latten aus einem fremden Bretterzaun, legten einen Sack darauf und trugen ihn auf den Schultern von dannen.

«Wohin mit ihm? In die Schenke?», fragte der Weber unterwegs.

«Daran hatte ich auch schon gedacht, ihn in die Schenke zu bringen. Doch das verfluchte Judenweib wird uns nicht glauben. Sie wird denken, dass wir ihn irgendwo gestohlen haben. Außerdem komme ich eben aus der Schenke. Nein, wir wollen ihn in meine Hütte tragen. Dort wird uns niemand stören. Meine Alte ist nicht zu Hause.»

«Ist sie auch wirklich nicht zu Hause?», fragte der vorsichtige Weber.

«Gott sei Dank! Ich bin ja nicht auf den Kopf gefallen», sagte der Gevatter; «kein Teufel brächte mich dorthin, wo sie jetzt ist. Sie treibt sich mit andern Weibern bis zum Morgengrauen herum.»

«Wer da?», schrie die Ehefrau des Gevatters, als sie den Lärm im Hausflur vernahm, den die Ankunft der beiden Freunde mit dem Sack verursachte, und riss die Tür auf.

Der Gevatter erstarrte zur Säule.

«Da haben wir's!», stieß der Weber hervor und ließ die Hände sinken.

Die Frau des Gevatters war ein Juwel, wie nicht wenige auf dieser Welt zu finden sind. Gleich ihrem Mann saß sie fast niemals zu Hause, kroch ganze Tage lang vor allerhand Basen und wohlhabenden alten Weibern auf dem Bauch, schmeichelte ihnen, speiste mit großem Appetit an ihrem Tisch und prügelte sich nur morgens mit ihrem Mann herum, da sie ihn einzig um diese Zeit zuweilen zu Gesicht bekam. Ihre Hütte war zweimal älter als die Pluderhosen des Gemeindeschreibers. Das Dach hatte an vielen Stellen kein Stroh mehr. Vom Zaun waren nur traurige Reste vorhanden, denn niemand nahm mehr einen

Stock zur Abwehr der Dorfhunde mit, sondern rechnete damit, dass er im Vorübergehen eine Latte aus dem Zaun des Gevatters ausreißen könne. Der Ofen wurde oft zwei, drei Tage lang nicht geheizt. Alles, was sich die zärtliche Ehefrau des Gevatters bei ihren Gönnerinnen zusammenzubetteln verstand, versteckte sie möglichst entfernt von ihrem Gebieter und nahm ihm überdies häufig auch noch das wenige ab, das er für sich selbst ergattert hatte, sofern es ihm nicht gelungen war, es rechtzeitig in der Schenke in Schnaps umzusetzen. Der Gevatter liebte es, trotz seiner gleichmütigen Art, durchaus nicht, ihr nachzugeben, und verließ das Haus daher fast immer mit blauen Flecken unter den Augen, während seine bessere Hälfte sich ächzend zu ihren alten Weibern trollte, um über die Liederlichkeit ihres Gatten zu klatschen und sich wegen der Hiebe, die sie von ihm erhalten zu haben vorgab, auszujammern.

Man kann sich also vorstellen, wie sehr der Gevatter und der Weber von ihrer unerwarteten Anwesenheit betroffen waren. Sie ließen den Sack rasch zu Boden gleiten, stellten sich vor ihn hin und versuchten ihn mit ihren Mänteln zu verdecken. Doch es war zu spät. Obwohl die Gevattersfrau mit ihren altersschwachen Augen nicht mehr gut sah – den Sack hatte sie bereits erblickt.

«Das ist aber schön», sagte sie mit einem Blick, in dem die Beutegier eines Habichts aufglitzerte, «das ist schön, dass ihr euch so viel zusammengesungen habt, wie es alle anständigen Menschen tun. Ich fürchte nur, ihr habt den Sack da einfach mit euch gehen heißen. Zeigt mir sofort, was drin ist! Hört ihr? Sofort!»

«Der kahlköpfige Teufel wird's dir zeigen, aber nicht wir», widersprach der Gevatter und richtete sich wichtigtuerisch auf.

«Was schert das dich?», stand ihm der Weber bei. «*Wir* haben uns etwas zusammengesungen und nicht *du*!»

«Nein! Du wirst es mir zeigen, nichtsnutziger Säufer!», keifte die Alte, versetzte dem langen Gevatter einen Schlag unter das Kinn und versuchte sich an den Sack heranzudrängen.

Doch der Weber und der Gevatter standen tapfer für ihre Beute ein und nötigten die Angreiferin zum Rückzug. Sie hatten indessen kaum ein wenig Atem geschöpft, als die Frau, einen Schürhaken in der Hand, wieder eilig heranstürzte. Sie schlug blitzschnell zu, bearbeitete die Hand ihres Mannes und den Rücken des Webers – und stand bereits neben dem Sack.

«Wie konnten wir sie nur heranlassen?», fragte, wie aus einem Traume erwachend, der Weber.

«Was heißt das – wir?», erwiderte kaltblütig der Gevatter; «du bist's, der sie herangelassen hat!»

«Ihr habt da augenscheinlich einen eisernen Schürhaken», sagte der Weber nach einem kurzen Schweigen und rieb sich den Rücken. «Meine Frau hat sich auf dem vorjährigen Jahrmarkt für ein Geringes einen hölzernen Schürhaken gekauft. Der ist nicht so hart und tut nicht so weh …»

Unterdessen hatte die triumphierende Gattin den Schürhaken beiseitegetan, schnürte den Sack auf und schaute hinein.

Doch ihre alten Augen, die den Sack so rasch erspäht hatten, täuschten sie diesmal.

«Aber da liegt ja ein ganzer Eber drin!», schrie sie auf und schlug die Hände vor Freude zusammen.

«Ein Eber! Hörst du's? Ein ganzer Eber!», rief der Weber und stieß den Gevatter in die Seite; «*du* bist an allem schuld!»

«Was ist da zu machen?», antwortete achselzuckend der Gevatter.

«Wieso? Was stehn wir noch länger herum?

Der Sack muss ihr wieder abgenommen werden.

Los!», ereiferte sich der Weber und näherte sich streitbar der Alten. «Hände weg! Das ist *unser* Eber!»

«Fort mit dir, Satansweib! Das ist nicht *dein* Eigentum!», legte sich nun auch der Gevatter ins Zeug und rückte ihr ebenfalls auf den Leib.

Schon griff sie von Neuem nach dem Schürhaken. Doch mittlerweile war Tschub aus dem Sack herausgekrochen: Er stand mitten im Flur und reckte sich, wie aus einem tiefen Schlaf erwacht.

Die Gevatterin schrie laut auf, schlug sich mit den Händen auf die Hüften, und allen blieben die Mäuler offen stehen.

«Was schwatzte die Närrin da von einem Eber?», sagte der Gevatter und machte Stielaugen. «Das ist ja gar kein Eber!»

«Da schau einer an, wen man in den Sack gesteckt hat!», rief der Weber aus und wich vor Schreck einige Schritte zurück. «Sagt, was ihr wollt, aber ich will auf der Stelle platzen, wenn hier nicht der Böse seine Hand im Spiel hat. Der dort kann ja nicht einmal durch ein Fenster kriechen – und nun gar in einen Sack!»

«Aber das ist ja Tschub!», schrie der Gevatter, als er genauer hinzuschaun wagte.

«Wer denn sonst, dachtet ihr?», sagte Tschub mit einem pfiffigen Lachen. «Hab ich euch nicht einen schönen Streich gespielt? Und ihr wolltet mich schon als Schweinebraten auffressen! Wartet aber. Im Sack befindet sich noch etwas: wenn nicht ein Eber, so doch ein Ferkel oder sonst etwas Lebendiges. Unter mir hat sich unausgesetzt etwas bewegt.»

Der Weber und der Gevatter stürzten sich auf den Sack, die Hausherrin zerrte an der anderen Seite, und die Prügelei hätte von Neuem angefangen, wenn nicht der Küster endlich eingesehen hätte, dass er sich nicht länger versteckt halten konnte, und hervorgekrochen wäre.

Die Gevattersfrau wurde zu Stein und gab das Bein, an dem sie das vermeintliche Ferkel aus dem Sack ziehen wollte, frei.

«Noch einer!», rief der Weber voller Entsetzen. «Der Teufel weiß, wie es heute auf der Welt zugeht! … Mir dreht sich alles im Kopf …

Man stopft nicht mehr Würste und Kuchen, sondern Menschen in die Säcke.»

«Der Küster!», sagte der mehr als alle andern erstaunte Tschub und dachte bei sich selbst:

«Da haben wir es. Ei, ei, Solocha. Versteckst deine Liebhaber in Säcken … Und da wunderte ich mich noch, dass die ganze Stube voller Säcke stand … Jetzt versteh ich alles: In jedem Sacke staken zwei Menschen … Und ich dachte, der Einzige zu sein. Da haben wir sie, diese Solocha!»

XI

Als die Mädchen mit dem Schlitten, den sie sich geholt, zu den beiden Säcken zurückkehrten, waren sie ein wenig verwundert, nur noch einen Sack vorzufinden.

«Nichts zu machen», sagte Oxana, «wir müssen es uns an dem einen genug sein lassen.»

Alle griffen zu und wälzten den Sack auf den Schlitten.

Der Dorfschulze beschloss, den Mund zu halten; denn er hatte es sich gerade überlegt, dass die dummen Mädchen, wenn er ihnen jetzt zuschrie, dass sie den Sack öffnen und ihn freilassen sollten, alle auseinanderlaufen würden, da sie sicher angenommen hätten, der Teufel säße im Sack – sodass er, allein auf der Straße liegen geblieben, vielleicht noch bis zum Morgen auf seine Befreiung zu warten gehabt hätte.

Die Mädchen fassten sich unterdessen an den Händen und flogen, den Schlitten nach sich ziehend, rasch wie der Wind über den knirschenden Schnee. Manche von ihnen setzten sich zum Spaß abwechselnd auf den Schlitten. Einige nahmen sogar auf dem Sack selbst Platz. Der Dorfschulze musste alles ertragen.

Endlich waren sie am Hause Oxanas angelangt, rissen die Tür zum Flur und zum Wohnzimmer auf und schleiften den Sack mit hellem Gelächter in die Hütte.

«Jetzt schaun wir aber nach, was drin ist!», riefen alle und machten sich ans Aufknoten.

Der Schluckauf, der den Dorfschulzen während der ganzen Zeit seiner Gefangenschaft geplagt hatte, war inzwischen so schlimm geworden, dass er laut schlucken und husten musste.

«Da sitzt ja jemand drin!», schrien die Mädchen auf und wollten vor Angst zur Tür hinausfliehen.

Doch in diesem Augenblick wurde die Tür von außen aufgetan – und Tschub trat ein.

«Warum wollt ihr davonlaufen?», fragte er sie lachend.

«Ach Vater, dort im Sack steckt jemand», antwortete ihm Oxana.

«In jenem Sack? Wo habt ihr ihn denn her?»

«Der Schmied hat ihn auf der Straße liegen lassen», riefen alle auf einmal.

«Aha», sagte sich Tschub, «hab ich's mir doch gedacht.»

Laut äußerte er:

«Wovor habt ihr denn Angst? Wir wollen die Sache einmal untersuchen. – Nun, Menschenkind», wandte er sich an den im Sack Versteckten, «entschuldige, dass wir dich nicht bei deinem Vor- und Vatersnamen nennen können! Heraus mit dir aus dem Sack!»

Der Dorfschulze kroch heraus.

«Ah!», riefen die Mädchen.

Auch der Schulze stak also in solch einem Sack, dachte Tschub betroffen und maß ihn vom Kopf bis zum Fuß. «Ei, ei, schau mal einer an … Hehehe …» Mehr vermochte er nicht hervorzubringen.

Der Schulze war nicht weniger verlegen und wusste nicht, was er beginnen sollte. Er trat an Tschub heran und fragte:

«Draußen ist's wohl kalt? Oder nicht?»

«Ja, ein ganz tüchtiger Frost», erwiderte Tschub. «Doch

gestatte, womit schmierst du dir eigentlich deine Stiefel ein? Mit Schmalz oder mit Teer?»

Er hatte ihn eigentlich fragen wollen: «Wie bist du denn in den Sack gekommen?» – und begriff selbst nicht, warum er etwas ganz anderes gefragt hatte.

«Teer ist besser», antwortete der Schulze. «Na, gute Nacht, Tschub!»

Damit drückte er sich seine Pelzmütze tiefer in die Stirn und entfernte sich.

«Warum hab ich ihn nur so dumm gefragt, womit er sich seine Stiefel einschmiert?», fragte sich Tschub und schaute auf die Tür, durch die der Schulze hinausgegangen war. «Ei, ei, Solocha … So einen Wanst in den Sack zu stopfen … Bei Gott, ein Teufelsweib! Ich aber bin ein Esel … Wo steckt er denn nur, dieser verfluchte Sack?»

«Ich habe ihn in die Ecke geworfen, es ist nichts mehr drin», sagte Oxana.

«Ich kenne diese Späße! Nichts mehr drin? Gebt ihn mir mal her. Sicher steckt noch einer drin. Schüttelt ihn richtig aus! … Was? Niemand mehr? … Das ist ein Frauenzimmer! Verflucht noch einmal! Sieht wie eine Heilige aus und spielt sich auf, als äße sie nur Fastenspeisen … Nein, so etwas!»

Doch lassen wir Tschub seinen Ärger in aller Ruhe auskosten und kehren wir zum Schmied zurück, denn draußen geht es sicher schon auf neun Uhr.

XII

Anfangs kam es Wakula recht unheimlich vor, so hoch durch die Luft davongetragen zu werden und unten auf der Erde nichts mehr unterscheiden zu können: Wie eine Fliege flog er so dicht unter dem Mond vorbei, dass seine Mütze ihn fast gestreift hätte; er konnte sich gerade noch rechtzeitig bücken. Doch nach einigen Augenblicken fasste er wieder Mut, ja er begann sogar mit dem Teufel Schindluder zu treiben. Es war äußerst belustigend, wie dieser jedes Mal niesen und husten musste, wenn Wakula sein Kreuz aus Zypressenholz vom Halse nahm und es ihm vor der Nase baumeln ließ. Absichtlich hob dieser zuweilen die Hand, sodass der böse Feind in der Befürchtung, der Reiter, der ihm im Nacken saß, könne ihn am Ende bekreuzigen, noch rascher dahinstob.

In der Höhe war es hell. Die von einem leichten Silbernebel erfüllte Luft schien durchsichtig zu sein. Man konnte alles deutlich sehen und sogar erkennen, wie ein Hexenmeister, in einem Zaubertiegel hockend, einem Wirbelsturm gleich an ihnen vorbeibrauste; wie die Sterne im Reigentanz Blindekuh miteinander spielten; wie ein wenig abseits ganze Geisterhorden wolkenartig dahintrudelten; wie ein im Mondschein tanzendes Teufelchen beim Anblick des reitenden Schmiedes die Mütze vor ihm abnahm; und wie ein Besen, auf dem augenscheinlich eine Hexe zu einem Treffen mit ihren Genossen geritten war, allein heimsauste …

Noch manches andere Gesindel begegnete ihnen auf ihrer Fahrt. Und alle hielten sie, sobald sie des Schmiedes ansichtig wurden, für einen Augenblick inne und musterten ihn erstaunt, um sich dann wieder ihren eigenen Angelegenheiten zuzuwenden und weiterzutoben.

Der Schmied flog und flog nur so dahin. Und auf einmal blitzte Sankt Petersburg vor ihnen auf und schien ganz in Flammen zu stehen, da dort, des Festes wegen, gerade eine Illumination stattfand. Der Teufel überflog den Schlagbaum und verwandelte sich in ein Pferd, sodass sich der Schmied plötzlich auf einem feurigen Renner durch die Straßen jagen sah.

Mein Gott, war das ein Lärm, ein Gedröhn, ein Lichterglanz! Zu beiden Seiten türmten sich vierstöckige Mauern empor. Das Aufschlagen der Pferdehufe auf das Pflaster, das Rollen der Equipagen hallte donnernd von allen vier Himmelsrichtungen wider. Bei jedem Schritt schienen Häuser aus dem Boden zu sprießen und himmelwärts zu wachsen. Brücken zitterten, Wagen stoben, Fuhrleute und Vorreiter schrien und fluchten. Der Schnee knirschte unter Tausenden von Schlitten. Die Fußgänger drängten sich unter den mit zahllosen Öllämpchen illuminierten Häusern zusammen, und ihre gewaltigen Schatten glitten über die Mauern und erreichten mit den Köpfen die Dächer und Schornsteine.

Voller Verwunderung sah sich der Schmied nach allen Seiten um. Ihm war, alle diese Häuser blickten ihn mit ihren Feueraugen an. Er begegnete so vielen vornehmen Herren mit tuchüberzogenen Pelzen, dass er gar nicht mehr wusste, vor wem alles er die Mütze abziehen sollte.

«Mein Gott, wie viele Herrschaften!», dachte er; «jeder in so einem Pelz sieht nach einem Assessor aus. Assessoren über Assessoren! Und jene dort, die in glänzenden Kutschen mit Glasscheiben vorübersausen, müssen wo nicht Bürgermeister, so doch mindestens Kommissare sein, vielleicht sogar noch etwas Höheres ...»

Doch hier wurde sein Gedankengang unterbrochen, denn der Teufel fragte ihn:

«Wohin jetzt? Gleich zur Zarin?»

«Nein, ich habe Angst», antwortete der Schmied nach einigem Besinnen; «hier müssen doch irgendwo jene Saporoger abgestiegen sein, die im vergangenen Herbst durch Dikanjka reisten. Sie kamen aus ihrem Lager am Dnjepr, um der Zarin irgendwelche Papiere zu überbringen. Ich sollte sie immerhin um Rat fragen ... He, Satan, kriech mir in die Tasche und führ mich zu den Saporogern!»

Und der Teufel war in einem Augenblick dünn wie ein Faden, sodass er ohne Schwierigkeit in Wakulas Tasche kriechen konnte. Dieser aber hatte sich kaum umgesehen, als er sich schon vor einem großen Hause befand. Ohne selbst zu wissen wie, stieg er eine Treppe empor, öffnete eine Tür und prallte vor dem Glanz zurück, mit dem das Zimmer eingerichtet war. Doch als er dieselben Saporoger erblickte, die er auf ihrer Durchreise durch Dikanjka kennengelernt hatte und die jetzt mit untergeschlagenen geteerten Stiefeln auf seidenen Diwans saßen und den stärksten Tabak der Welt, das sogenannte «Wurzelkraut», rauchten, fasste er wieder Mut, trat näher, verbeugte sich vor ihnen bis zur Erde und sagte:

«Guten Abend, meine Herrschaften! Gott hat es so gefügt, dass wir uns hier wiedersehen.»

«Was ist das für ein Mensch?», fragte einer, der dem Schmied zunächst saß, einen anderen, der sich etwas entfernter herumrekelte.

«Erkennt ihr mich denn nicht?», fragte der Schmied. «Ich bin der Schmied Wakula. Als ihr im Herbst durch Dikanjka kamt, wart ihr – Gott schenke euch Gesundheit und ein langes Leben! – zwei Tage lang meine Gäste. Ich beschlug euch damals das Vorderrad eures Reisewagens mit einer Eisenschiene.»

«Ah», sagte derselbe Saporoger, «du bist jener Schmied, der so schöne Bilder malt? Guten Abend, Landsmann! Wie hat Gott dich hierhergebracht?»

«Nur so … Ich wollte mich hier ein wenig umschaun … Man sagt …»

«Nun, Landsmann», meinte der Saporoger gewichtig, wie um zu zeigen, dass er nicht nur Ukrainisch, sondern auch Russisch zu sprechen verstand, «eine mächtige Stadt, nicht wahr?»

Der Schmied wollte ihm nicht nachstehen und als Neuling erscheinen. Überdies war er sowieso der Schriftsprache kundig. Er antwortete also gleichmütig auf gut Russisch:

«Eine ansehnliche Residenzstadt. Da ist nichts dagegen zu sagen. Gewaltig große Häuser mit respektablen Gemälden an den Wänden. Viele Mauern sind bemerkenswert gut mit Lettern aus Blattgold ausgelegt. Die Proportionen sind durchaus anerkennenswert.»

Als die Saporoger hörten, wie gewandt und frei der Schmied sich ausdrückte, zogen sie für ihn sehr schmeichelhafte Schlussfolgerungen daraus.

«Darüber wollen wir uns später unterhalten, Landsmann. Jetzt müssen wir gleich zur Zarin fahren.»

«Zur Zarin? Ach, seid so lieb, ihr Herren, und nehmt mich mit!»

«Dich mitnehmen?», sagte der Saporoger im Ton eines Kinderwärters, den ein vierjähriger Zögling gebeten hat, ihn auf ein richtiges, ausgewachsenes Pferd zu setzen. «Was hast du dort zu suchen? Nein, das geht nicht.»

Sein Gesicht nahm eine bedeutsame, abweisende Miene an.

«Nehmt mich mit!», beharrte der Schmied.

«Flehe sie an!», flüsterte ihm der Teufel in der Tasche zu und versetzte ihm einen Stoß in die Seite.

Doch er hatte das kaum gesagt, als ein anderer Kosak dazwischenrief:

«Warum denn nicht? Nehmen wir ihn doch einfach mit, Brüder!»

«Uns soll's recht sein, er kann meinetwegen mit uns kommen», meinten einige andere.

«Dann musst du dich aber so anziehen wie wir.»

Der Schmied beeilte sich, in einen ihm dargebotenen grünen Kosakenüberrock zu schlüpfen. Da ging auch schon die Tür auf, und ein reich galonierter Diener mahnte, dass es an der Zeit sei, aufzubrechen.

Dem Schmied wurde wieder wunderlich zumute, als er in einer großen, auf Sprungfedern schaukelnden Kalesche durch die Straßen fuhr: Die vierstöckigen Häuser zu beiden Seiten schienen ihm nach rückwärts zu laufen und das Pflaster wie von selbst unter den Pferdehufen dahinzurollen.

«Mein Gott, wie viel Licht!», dachte er; «bei uns ist's nicht einmal am Tag so hell.»

Die Wagen hielten vor einem Palast. Die Kosaken sprangen ab, begaben sich in einen üppigen Hausflur und stiegen eine glänzend erleuchtete Treppe empor.

«Was für eine Treppe das ist!», flüsterte der Schmied vor sich hin. «Es ist schade, sie mit seinen Füßen zu betreten. Welche Verzierungen! Da hat man immer gesagt, das seien nur ausgedachte Lügenmärchen. Zum Teufel noch einmal, das sind gar keine Märchen. Herrgott, was für ein Geländer! Welch kunstvolle Arbeit! Das Gusseisen allein muss mehr als fünfhundert Rubel kosten.»

Oben angelangt, durchschritten die Saporoger den ersten Saal. Scheu folgte ihnen der Schmied, voller Furcht, bei jedem Schritt auf dem glatten Parkett auszugleiten. Sie gingen noch durch drei weitere Säle, und der Schmied fand des Verwunderns kein Ende. Im vierten Saal trat er unwillkürlich auf ein an der Wand hängendes Bild zu, das die allerheiligste Jungfrau mit dem göttlichen Kinde darstellte.

«Was für ein Bild! Was für eine herrliche Malerei!», dachte er. «Sie scheint ja zu reden. Sie scheint lebendig zu sein. Und das Gotteskind! Wie es die Händchen faltet und lächelt, das Arme! Und die Farben! Herrgott, was für Farben! Nicht für eine Kopeke Ocker, sondern Karmin und Florentinerlack. Der Malgrund ist sicher mit teuerstem Bleiweiß angelegt … Wie wunderbar diese Malerei aber auch ist – dieser kupferne Türgriff hier (er betastete ihn im Hindurchschreiten) ist noch staunenswerter. Welch saubere Arbeit! Das ist gewiss alles von deutschen Schmieden für eine Unsumme von Geld hergestellt worden …!»

Der Schmied würde wahrscheinlich noch lange seine Betrachtungen fortgesetzt haben, wenn ihn nicht ein galonierter Lakai am Ärmel gezupft und daran gemahnt hätte, nicht hinter den andern zurückzubleiben. Die Saporoger gingen noch durch zwei Säle und machten dann halt. Im Saale standen mehrere Generäle in goldgestickten Uniformen herum. Die Saporoger verneigten sich nach allen Seiten und stellten sich in einer Gruppe auf.

Eine Minute später betrat, von einer ganzen Suite begleitet, ein breitschultriger Mann von majestätischem Wuchs, in Hetmansuniform, gelbe Stulpenstiefel an den Beinen, das Gemach. Seine Haare sahen etwas zerzaust aus. Eines seiner Augen schielte leicht. Auf seinem Gesichte spielte etwas wie hochmütige Überlegenheit. Alle seine Gebärden sprachen von der Gewohnheit, zu befehlen. Die Generale, die sich vorher in ihren goldgestickten Uniformen so großartig getan hatten, gerieten in Unruhe und versuchten unter tiefen Verbeugungen jedes seiner Worte, jeden seiner Winke aufzufangen, um sofort loszustürzen und seinen Wünschen zuvorzukommen. Doch jener beachtete sie nicht einmal, gönnte ihnen kaum ein flüchtiges Nicken und schritt gleich auf die Saporoger zu, die sich alle bis zur Erde vor ihm verneigten.

«Nun, seid ihr alle da?», fragte er gedehnt und wie durch die Nase sprechend.

«Jawohl, alle, Väterchen», antworteten die Saporoger und verbeugten sich von Neuem.

«Vergesst nicht, so zu sprechen, wie ich es euch gesagt habe.»

«Wir werden daran denken.»

«Ist das der Zar?», fragte der Schmied leise einen der Saporoger.

«Der Zar? Wo denkst du hin?», gab jener ebenso leise zurück. «Das ist Patjomkin selbst.»

Im Nachbarraum wurden Stimmen laut; und der Schmied wusste nicht mehr, wo er seine Augen lassen sollte, eine solche Menge von Damen in Atlaskleidern rauschte herein, gefolgt von bezopften Höflingen in goldgewirkter Galatracht. Er sah nur noch Glitzern und Glanz – und nichts weiter.

Da fielen die Saporoger in die Knie und riefen wie aus einem Munde:

«Gnade, Mutter, Gnade!»

Der Schmied, dem sich alles im Kopf drehte, tat es ihnen eifrig nach.

«Steht auf!», ertönte eine befehlende und zugleich angenehme Stimme über ihren Köpfen. Einige Höflinge gerieten in Bewegung und stießen die Saporoger an.

«Nein, wir stehen nicht auf, Mutter», riefen diese, «wir sterben lieber, als aufzustehn!»

Patjomkin biss sich auf die Lippen; endlich näherte er sich ihnen selber, flüsterte einem von ihnen gebieterisch etwas zu – und die Saporoger erhoben sich.

Jetzt wagte auch der Schmied seinen Kopf zu heben und sah eine blauäugige, hochgewachsene, ein wenig beleibte Frau vor sich stehen. Ihr gepudertes Gesicht zeigte jene majestätisch lächelnde Miene, mit der sie sich alles zu unterwerfen verstand und die nur einer geborenen Herrscherin eigen ist.

«Seine Durchlaucht hat mir versprochen, mich mit

einem meiner Völker bekannt zu machen, das ich bis jetzt noch nicht gesehen hatte» sagte die Dame mit den blauen Augen und musterte neugierig die Saporoger. «Seid ihr hier gut untergebracht?», fuhr sie fort und trat näher.

«Danke, Mutter. Die Verpflegung ist gut, obwohl die Hammel hier lange nicht das sind, was bei uns zu Hause … Warum sollten wir nicht überall leben können?»

Patjomkin runzelte die Stirn, als er merkte, dass die Saporoger durchaus nicht so sprachen, wie er es ihnen einstudiert hatte.

Einer der Saporoger nahm Haltung an und trat vor.

«Erbarmen, Mutter! Womit hat dich dein treues Volk erzürnt? Haben wir es denn mit den heidnischen Tataren gehalten? Haben wir uns auf irgendwelche Vereinbarung mit den Türken eingelassen? Haben wir dich mit irgendeinem Vorhaben, irgendeiner Tat verraten? Womit haben wir deine Ungnade verdient? Zuerst hörten wir, du ließest allenthalben Festungen gegen uns bauen. Dann hieß es, du wolltest uns in bloße Karabinerschützen verwandeln. Jetzt sagt man uns, dass uns neues Unheil droht. Welcher Schuld bezichtigt man denn das Saporoger Heer? Etwa der, dass wir deine Armee über den Perekop geführt und deinen Generalen bei der Unterwerfung der Krimtataren geholfen haben?»

Patjomkin schwieg und putzte mit einem kleinen Bürstchen die Brillanten, mit denen seine Hände übersät waren.

«Was wünscht ihr also?», fragte Katharina mit zuvorkommender Freundlichkeit.

Die Saporoger sahen einander vielsagend an.

«Jetzt ist's Zeit! Die Zarin fragte nach unseren Wünschen», dachte der Schmied und warf sich der Kaiserin zu Füßen.

«Kaiserliche Majestät!, geruhe, mich nicht zu strafen, gewähre mir deine Gnade! Zürne mir nicht, wenn ich dich frage: Woraus sind die Schuhe gemacht, in denen deine kaiserlichen Füßchen stecken? Mich dünkt, kein Schuster in keinem Reiche der Welt vermag solche Schuhe zu nähen. Mein Gott, wenn ich meinem Weibchen solche Schuhe anziehen könnte!»

Die Kaiserin lachte hell auf. Selbst Patjomkin lächelte, trotz seiner gerunzelten Stirn. Die Saporoger stießen den Schmied in die Seite, denn sie dachten, er sei verrückt geworden.

«Steh auf!», sagte die Kaiserin sehr gnädig. «Wenn es dich so sehr nach solchen Schuhen verlangt, so ist diese Bitte leicht zu erfüllen. Man bringe ihm sofort meine kostbarsten goldbestickten Schuhe. Mir gefällt diese Einfalt. – Da habt Ihr», fuhr sie fort, indem sie ihre Augen auf einen etwas abseitsstehenden Herrn mit einem vollen, doch ein wenig bleichen Gesicht richtete, dessen schlichter Rock mit den großen Perlmutterknöpfen verriet, dass er nicht zu den Höflingen gehörte, «da habt Ihr einen würdigen Vorwurf für Eure geistreiche Feder!»

«Eure Kaiserliche Majestät sind zu gnädig, dazu bedarf es eines Lafontaine», erwiderte der Mann mit den Perlmutterknöpfen und verneigte sich.

«Auf Ehre, ich muss Euch sagen, dass ich von Eurem Lustspiel ‹Der Brigadier› noch immer ganz entzückt bin. Und wie schön Ihr vorzulesen versteht! … Doch ich habe gehört», wandte die Kaiserin sich wieder den Saporogern zu, «dass ihr euch in eurem Kosakenlager am Dnjepr nie verheiratet.»

«Wie kannst du so etwas sagen, Mutter? Du weißt doch selbst, dass kein Mann es ohne Weibchen aushält», antwortete derselbe Saporoger, der sich vorhin mit dem Schmied unterhalten hatte. Und der Schmied wunderte sich darüber, dass der gleiche Mann, der die Schriftsprache so gut beherrschte, jetzt mit der Zarin in der gröbsten bäuerlichen Mundart sprach. «Ein Schlaufuchs», dachte er, «das tut er sicher nicht ohne Absicht.»

«Wir sind keine Kuttenträger», fuhr der Saporoger fort, «sondern sündiges Mannsvolk. Wie alle Männer in der Christenheit haben wir unsere Lust am Fleisch. Die meisten von uns haben Weiber. Doch im Lager leben wir nicht mit ihnen zusammen. Einige haben ihre Frauen in Polen sitzen, andere in der Ukraine und wieder andere sogar in der Türkei.»

In diesem Augenblick überreichte man dem Schmied die Schuhe der Zarin.

«Herrgott, welch ein Juwel!», schrie er freudig auf. «Eure Kaiserliche Majestät, wenn Ihr in solchen Schuhen einhergeht und am Ende gar mit ihnen auf dem Eise Schlittschuh lauft – wie müssen dann erst die Füßchen selbst beschaffen sein, die in diesen Schuhen stecken? Die müssen zum mindesten aus lauter Zucker sein!»

Die Kaiserin, die in der Tat die wohlgebildetsten und reizvollsten kleinen Füße hatte, musste unwillkürlich lächeln, als sie dieses Kompliment aus dem Munde des einfachen Schmiedes vernahm, der in seiner Saporoger Gewandung, trotz seines sonnverbrannten Gesichtes, für einen schönen Mann gelten konnte.

Beglückt von der gnädigen Aufmerksamkeit der Zarin, wollte der Schmied sie noch über alles Mögliche ausfragen, ob es zum Beispiel wahr wäre, dass die Zaren nichts als Honig und Schinkenspeck äßen, und viele ähnliche Dinge. Doch da er fühlte, wie die Saporoger ihn anstießen, beschloss er, lieber den Mund zu halten. Und als die Zarin sich gleich darauf den älteren Saporogern zuwandte und sich nach ihrem Lagerleben, ihren Sitten und Gepflogenheiten erkundigte, zog er sich zurück, beugte sich über seine Tasche, flüsterte leise: «Bring mich rasch von hier fort!» – und befand sich im nächsten Augenblick jenseits des Petersburger Schlagbaums auf der freien Landstraße.

XIII

«Ertränkt hat er sich, ertränkt! Ich will hier auf dem Fleck anwachsen, wenn er sich nicht ertränkt hat!», ereiferte sich die dicke Webersfrau mitten in einem Haufen von Weibern, die auf der Dorfstraße von Dikanjka miteinander tuschelten.

«Wieso ertränkt? Bin ich etwa eine Schwindlerin? Habe ich je eine Kuh gestohlen? Habe ich jemand mit einem bösen Blick behext, dass man mir keinen Glauben schenken will?», keifte ein anderes Weib in einem Kosakenkittel mit violett angelaufener Nase und fuchtelte mit den Armen in der Luft herum. «Ich will nie wieder Wasser trinken, wenn die alte Perepetschicha nicht mit eigenen Augen gesehen hat, wie der Schmied sich erhängte!»

«Der Schmied hat sich erhängt! Da haben wir den Salat!», dachte der Dorfschulze, der eben Tschubs Haus verlassen und sich dem aufgeregten Weiberhaufen zugesellt hatte.

«Sag lieber, dass du nie wieder Schnaps trinken willst!», schrie die Weberin die andere an. «Da muss man schon seinen letzten Verstand versoffen haben, wie du, um zu behaupten, dass er sich erhängt hat. Ertränkt hat er sich, im Eisloch ertränkt. Das weiß ich so gewiss, wie dass du gerade aus der Schenke kommst!»

«Schamlose Dreckschleuder! Mir willst du etwas vorwerfen?», erboste sich die Violettnasige. «Hättest du nur geschwiegen, du Nichtsnutz! Ich weiß doch, dass der Küster jeden Abend zu dir schleicht.»

Die Webersfrau fuhr auf.

«Was ist mit dem Küster? Zu wem geht der Küster? Was lügst du da?»

«Der Küster?», krähte die Küsterin, die sich in ihrem mit blauem Nanking überzogenen Hasenpelz an die Streitenden herandrängte; «ich will dich lehren, so vom Küster zu reden! Wer hat da etwas über den Küster gesagt?»

«Diese da ist es, die der Küster besucht!», rief die Violettnasige und wies mit dem Finger auf die Webersfrau.

«Du bist es also, du Hündin!», winselte die Küsterin und fiel über die Webersfrau her. «Du bist's also, du Hexe, die ihn mit Teufelskraut so benebelt hat, dass er zu dir kommt?»

«Lass mich los, Satan!», kreischte die Webersfrau und wich zurück.

«Was, du verfluchte Teufelsköchin? Dass du deine Kinder niemals wiedersehen mögest! Du Schlampe! Pfui!» Und die Küsterin spuckte der Webersfrau in die Augen.

Die Webersfrau wollte ihr mit der gleichen Ladung erwidern, traf aber den unrasierten Schädel des Dorfschulzen, der sich, um besser zu hören, dicht an die Streitenden herangemacht hatte.

«Ah, du schmutziges Weibermaul!», brüllte der Dorfschulze sie an, rieb sich den Speichel mit dem linken Ärmel ab und griff zu seiner Peitsche.

Diese Bewegung veranlasste die Weiber, nach allen Seiten schimpfend auseinanderzulaufen.

«Schweinerei!», knurrte der Dorfschulze und hörte nicht auf, sich abzuwischen. – «Der Schmied hat sich also ertränkt. O du meine Güte! Und was für ein kunstreicher Maler er war! Was für prächtige Messer, Sensen und Pflüge er zu schmieden verstand! Und wie kräftig er war! Ja», fuhr er nachdenklich fort, «solche Leute wie ihn gibt's wenig in unserem Dorf. Ich hab's ja schon, als ich in dem verfluchten Sack saß, gespürt, dass es dem Ärmsten übel zumute war. Jaja, so ist es nun mit dem Schmied. Er ist gewesen – und ist nun nicht mehr. Dabei wollte ich gerade meine scheckige Stute zum Beschlagen zu ihm bringen …»

Ganz angefüllt von solchen christlichen Gedanken, trottete er langsam heim.

Oxana war tief bestürzt, als alle diese Gerüchte sie erreichten. Den Augen der Perepetschicha und dem Geschwätz der anderen Weiber traute sie zwar nicht allzu sehr; sie wusste, dass der Schmied zu fromm war, um sein Seelenheil aufs Spiel zu setzen. Wie aber, wenn er in der Tat das Dorf verlassen hatte und fortgewandert war? Einen so tüchtigen Schmied konnte man überall brauchen. Und er hatte sie so sehr geliebt. Länger als alle andern hatte er ihre Launen ertragen … Die Schöne drehte sich die ganze Nacht hindurch von einer Seite auf die andere und konnte nicht einschlafen. Bald warf sie alle Decken ab, lag in bezaubernder Nacktheit da, die sie im Dunkel nicht einmal selbst wahrnehmen konnte; bald versuchte sie sich zu beruhigen und an gar nichts mehr zu denken, dachte aber in Wirklichkeit unausgesetzt nur an ihn, brannte wie Feuer – und war gegen Morgen bis über die Ohren in ihn verliebt.

Tschub äußerte weder Trauer noch Freude über das Schicksal Wakulas. Seine Gedanken kreisten immer wieder nur um das Gleiche: Er vermochte nicht über den Treubruch Solochas hinwegzukommen und bedachte sie bis in den Schlaf hinein mit Schimpfworten.

Endlich wurde es Morgen. Schon vor der ersten Dämmerung drängte sich das Volk in der Kirche. Die älteren Frauen in weißen Kopftüchern und weißen Tuchkitteln bekreuzigten sich fromm an den Kirchentüren. Vor ihnen standen die «Edelfrauen» in gelben und grünen Jacken, einige sogar in blauen, hinten mit goldenen Troddeln verzierten Überröcken. Die Mädchen, deren Haare mit ganzen Kaufläden von Bändern durchflochten waren und an deren Hälsen lange Schnüre mit Perlen, Kreuzen und Schaudukaten hingen, versuchten, so nahe wie möglich bis zur Heiligenbilderwand vorzudringen. Ganz vorn aber standen die Edelleute und die einfachen Bauern mit ihren

Schnurrbärten, Kosakenschöpfen, dicken Hälsen und sauber rasierten Kinnen, fast alle in Pelzen, unter denen weiße oder auch blaue Tuchkittel hervorlugten.

Alle Gesichter, wohin man auch blicken mochte, zeigten einen feiertäglichen Ausdruck. Der Dorfschulze leckte sich beim Gedanken an die Weihnachtswurst schon jetzt die Lippen. Die Mädchen träumten davon, wie sie mit den Burschen Schlittschuh laufen würden. Die alten Weiber murmelten dafür umso eifriger ihre Gebete. Durch die ganze Kirche war zu hören, wie Kosak Swerbygus immer wieder von Neuem in die Knie sank.

Nur Oxana stand wie abwesend da. Sie betete – und betete doch nicht. In ihrem Herzen kreuzten sich so verschiedenartige Gefühle, eines immer ärgerlicher und trauriger als das andere, dass ihr die Tränen in die Augen traten und auf ihrem Gesicht nichts als eine starke Verwirrung zu erkennen war.

Die andern Mädchen wussten sich ihr Aussehen nicht zu erklären und ahnten nicht, dass der Schmied daran schuld war. Indessen dachte nicht nur Oxana an den Schmied. Alle Einwohner fühlten, dass der Feiertag kein richtiger Feiertag war, dass ihm irgendetwas fehlte.

Unglücklicherweise war auch noch der Küster, infolge seiner nächtlichen Reise im Sack, vollkommen heiser geworden, sodass seine zitternde Stimme kaum zu hören war. Der zugereiste Sänger ließ zwar seinen wunderbaren Bass erdröhnen; es wäre aber noch viel schöner gewesen, wenn der Schmied mitgemacht hätte, der sonst, sooft man das «Vater unser» oder «Und die Cherubime» sang, die Empore betreten und die Melodie so angestimmt hatte, wie man es nur noch in Poltawa zu hören bekam. Auch war er der Einzige, der das Amt des Kirchenvorstehers versah. Schon war die Frühmesse zu Ende und bald darauf auch das Hochamt … Wo mochte nur der Schmied verloren gegangen sein?

XIV

Den Schmied im Nacken, legte der Teufel die Rückreise während des Restes der Nacht noch schneller zurück als die Hinreise. In einem Hui befand sich der Schmied in der Nähe seiner Hütte. In diesem Augenblicke krähte ein Hahn.

«Wohin?», schrie der Schmied und hielt den Teufel, der sich schon aus dem Staube machen wollte, am Schwanze fest. «Warte, Freundchen, das ist noch nicht alles! Du musst erst deinen Lohn von mir erhalten.»

Mit diesen Worten ergriff er einen knorrigen Stecken und versetzte ihm drei Hiebe. Der arme Teufel raste nur so davon, wie ein eben erst vom Assessor verprügelter Bauer. So kam es, dass der Feind des Menschengeschlechts, anstatt andere zu betrügen, zu verführen und zu foppen, einmal selber gefoppt worden war.

Wakula aber begab sich in die Scheune seines Hauses, wühlte sich ins Heu und schlief bis zum hellichten Mittag. Als er erwachte, erschrak er darüber, dass die Sonne schon so hoch stand.

«O weh! Ich habe Frühmesse und Hochamt verschlafen!»

Der fromme Schmied versank in zerknirschte Grübeleien und kam zum Schluss, Gott habe ihm den schweren Schlaf, der ihn der Freude beraubt hatte, am Weihnachtsmorgen in der Kirche zu singen, als Strafe dafür geschickt, dass er die sündige Absicht gehegt, seinem Leben ein Ende zu machen. Doch dann beruhigte er sich damit, dass er in der nächsten Woche alles dem Popen beichten werde und dass er, vom heutigen Tage an, ein ganzes Jahr lang täglich fünfzig Kniefälle zu machen gelobte.

Er schaute in die Stube hinein. Doch niemand war da. Solocha war wohl noch nicht heimgekehrt.

Behutsam holte er die Schuhe aus seinem Busen hervor, staunte von Neuem über die köstliche Arbeit und gedachte der wundersamen Begebenheiten der verflossenen Nacht. Dann wusch er sich, kleidete sich so sorgfältig wie nur möglich an, warf sich in den schönen grünen Rock, den er von den Saporogern erhalten hatte, nahm aus der Truhe eine neue Lammfellmütze aus blauem Tuch, die er noch nie getragen, seit er sie in Poltawa gekauft, kramte einen neuen, vielfarbigen Gürtel hervor, tat noch eine Kosakenpeitsche hinzu, band das alles zu einem Bündel zusammen und begab sich zu Tschub.

Tschub machte Stielaugen, als der Schmied bei ihm eintrat, und wusste nicht, worüber er sich mehr wundern sollte – darüber, dass Wakula von den Toten auferstanden war, oder darüber, dass er ihm einen Besuch zu machen wagte, oder darüber, dass er wie ein schmucker Saporoger gekleidet war. Am erstauntesten aber war er, als Wakula sein Bündel aufknöpfte, die neue Pelzmütze und den Gürtel, die so schön waren, wie man sie hier im Dorfe noch nie gesehen hatte, vor ihn auf den Tisch legte, sich ihm zu Füßen warf und mit flehender Stimme ausrief:

«Erbarme dich, Väterchen, und zürne mir nicht. Da hast du die Peitsche. Schlage mich, so viel du Lust hast. Ich gebe mich ganz in deine Hände und bereue alles. Schlag zu, aber zürne mir nicht länger! Du hast doch einst mit meinem seligen Vater Blutsbrüderschaft geschlossen, Salz und Brot mit ihm gegessen und Ungarwein mit ihm getrunken.»

Tschub sah nicht ohne ein geheimes Vergnügen den Schmied, dem niemand im Dorfe an den Karren zu fahren wagte und der Fünfkopekenstücke und Hufeisen auseinanderbrach, als wären es Buchweizenkuchen, auf den Knien vor sich liegen. Um sich nichts zu vergeben, ergriff er die Peitsche und schlug ihn dreimal leicht auf den Rücken.

«Nun, genug damit!», rief er aus. «Höre in Zukunft auf alte Leute. Vergessen wir, was zwischen uns vorgefallen ist. Und sage mir, was du von mir willst.»

«Gib mir Oxana, Vater!»

Tschub dachte ein wenig nach und sah sich die Mütze und den Gürtel an. Die Mütze war prächtig, der Gürtel gab ihr in nichts nach. Ihm kam wieder Solochas Treubruch in den Sinn – und so sagte er schließlich mit fester Stimme:

«Gut! Schicke mir deine Brautwerber!»

«Ai!», schrie Oxana auf, die beim Eintreten den Schmied erblickte und ihre Augen freudig verwundert auf ihm ruhen ließ.

«Schau, was für Schuhchen ich dir mitgebracht habe», sagte er, «die Zarin selbst hat sie getragen.»

«Nein, nein, ich brauche keine Schuhe!», rief sie aus,

machte eine abwehrende Handbewegung und schaute ihm unausgesetzt in die Augen, «ich will auch ohne Schuhe ...» Sie hielt inne und wurde feuerrot.

Der Schmied trat dicht an sie heran und ergriff ihre Hand. Da senkte die Schöne ihre Blicke. Noch nie hatte sie so wunderbar ausgesehen. Der entzückte Schmied küsste sie sanft. Und ihr Gesicht wurde noch röter und sah noch schöner aus.

XV

Einmal kam der Bischof seligen Angedenkens durch Dikanjka gereist, lobte den Platz, auf dem das Dorf erbaut war, und ließ im Weiterfahren vor einer neuen Hütte haltmachen.

«Wem gehört diese so schön bemalte Hütte?», fragte seine Hochwürden eine hübsche junge Frau, die mit einem Kind im Arm vor der Haustür stand.

«Dem Schmied Wakula», antwortete Oxana (denn sie war es) mit einer Verneigung.

«Schön! Eine schöne Arbeit!», sagte Seine Hochwürden und betrachtete aufmerksam Tür und Fenster. Die Fenster waren mit roten Strichen eingefasst; auf der Tür aber waren reitende Kosaken mit Pfeifen zwischen den Zähnen abgebildet.

Noch mehr aber lobte Seine Hochwürden den Schmied, als er erfuhr, dieser habe seine Kirchenbuße auf sich genommen und überdies die ganze linke Chorseite in der Kirche grün angestrichen und mit roten Blumen bemalt.

Das war aber noch nicht alles: An die Seitenwand der Kirchenvorhalle hatte er ein großes neues Bild gemalt, das den Teufel in der Hölle darstellte – einen so abscheulichen Teufel, dass alle ausspuckten, wenn sie vorbeigingen, und dass die Weiber, wenn ein Kind auf ihren Armen nicht zu schreien aufhören wollte, es an dieses Bild herantrugen und sagten:

«Schau nur, was für ein Ungeheuer dort gemalt ist.»

Dann verschluckte das Kind seine Tränen, schielte scheu nach dem Bilde und verbarg das Gesicht an der Brust seiner Mutter.

NACHWORT

Nikolaus Wassiljewitsch Gogol wurde am 19. März 1809 im ukrainischen Marktflecken Sorotschinzy (den er später zum Schauplatz einer seiner zauberhaftesten Erzählungen gemacht hat) geboren. Sein Vater war Gutsbesitzer mit vielseitigen wissenschaftlichen und literarischen Interessen, der Gedichte und Komödien schrieb, die von den ukrainischen Literaturhistorikern sehr hochgeschätzt werden. Seine Mutter war eine stille, versonnene Frau, die hochgemute Tapferkeit und praktische Lebensklugheit mit religiösen und mystischen Neigungen verband.

Vom Vater stammt das Dämonische und Fantastische in Gogols Natur, die spielerische Freude am Erzählen, die Lust am Unheimlichen und an grotesker Komik, von der Mutter die besonders in seiner Spätzeit immer deutlicher hervortretende und alles andere verdrängende Religiosität, mit der er die wilde Dämonie seines Wesens zu bannen versuchte. Von diesem Widerstreit zwischen ist auch seine Dichtung erfüllt, und von seinem verzehrenden Streben nach Läuterung, Heiligung und Verklärung. Er hat uns Werke von so bestürzender Unmittelbarkeit und so hoher künstlerischer Vollendung hinterlassen, dass unser Leben ohne sie ärmer wäre.

Außer dem Elternhause haben schon in seiner frühen Jugend zwei Elemente entscheidend auf ihn eingewirkt. Auf der einen Seite das ländliche Leben unter den ukrainischen Bauern, in denen noch eine Fülle urtümlicher Überlieferungen, wenn auch zuweilen nur in entstellter, abergläubischer Form, weiterwucherte; auf der anderen Seite die freie vornehme Geistigkeit und ästhetische Kultur, die verfeinerte Geselligkeit und heitere Lebensfrömmigkeit, wie sie auf dem Gutshofe der den Eltern befreundeten Magnatenfamilie Troschtschinskij zu Hause waren. Die Troschtschinskijs hatten die bedeutendsten Geister der damaligen Zeit bei sich zu Gast, unterhielten ein eigenes Orchester, veranstalteten in ihrem schönen, kostbar eingerichteten Schloss Konzerte, Theateraufführungen, Dichterlesungen und wissenschaftliche Vorträge und besaßen eine große Bibliothek mit allen wichtigen Werken der Weltliteratur. Das Leben in diesem Kreise unterschied sich lebhaft vom leeren Getriebe der sogenannten guten Gesellschaft in den großen Städten und glich einem ständigen Fest voll geistiger Lebensfreude und Schönheit.

Der Knabe wuchs also nicht nur in einer Atmosphäre wilder, volkstümlicher Ursprünglichkeit, sondern gleichzeitig auch in einer (wie Nietzsche sagen würde) «Welt zarter und hoher Dinge» heran; er entwickelte früh seine ungewöhnlichen Gaben und schärfte sein künstlerisches Gewissen.

Nach Absolvierung des Gymnasiums in Njeshin, wo der junge Gogol sich bei Schüleraufführungen als ausgezeichneter Schauspieler und Spielleiter erwies, trat er die erste schicksalsschwere Fahrt seines Lebens an: Er begab sich nach St. Petersburg, dessen Glanz ihn nicht weniger anlockte als die Namen der Dichter Schukowski,

Puschkin und Lermontow, deren Ruhm sich damals über ganz Russland auszubreiten begann. Voller Begier nach Erweiterung seines Horizonts durch das rascher pulsierende Leben in der jungen Residenz und in der Hoffnung, mit den großen Dichtern, die dort wirkten, wetteifern zu können, setzte er seine Studien fort und widmete sich einer freien schriftstellerischen Tätigkeit.

Schon früh (1831) erschien sein erstes bedeutendes Werk, die unnachahmlichen «Abende auf dem Gutshof bei Dikanjka», in dem er das bunte, vielfältige Volksleben der ukrainischen Heimat in ebenso derb realistischen wie fantastischen und abgründig-dämonischen Erzählungen gestaltet hat.

Dieses Buch, das ihn mit einem Schlag in die erste Reihe der russischen Dichter stellte, trug ihm unter anderen die Freundschaft Alexander Puschkins ein, der das Genie Gogols sofort erkannte, und den dieser Zeit seines Lebens, auch als Puschkin schon lange gestorben war, für den Einzigen gehalten hat, der ihn vollkommen verstand. Das große Publikum Petersburgs dagegen fühlte sich von dem bis dahin in der russischen Literatur unerhörten und alle Konventionen über den Haufen werfenden Erzählerstil Gogols eher abgestoßen und beunruhigt.

Seines Lebensunterhaltes wegen trat Gogol zeitweilig in ein Regierungsdepartement ein, hielt es dort aber nicht lange aus und wurde schließlich Extraordinarius für Geschichte an der Petersburger Universität. Doch auch diese Tätigkeit befriedigte ihn nicht, obwohl selbst Puschkin und Schukowski zu seinen Hörern zählten: Er war von Natur aus alles andere als ein Gelehrter.

Gogol war sehr selbstbewusst und hegte eine hohe Meinung von sich und seiner Sendung. Angewidert von Anfeindungen und Intrigen, die gegen ihn gesponnen wurden, tief enttäuscht vom oberflächlichen und betriebsamen Petersburger Leben, dem er einst so voller Hoffnung zugestrebt hatte, beschloss er, ins Ausland zu gehen.

In Paris erreichte ihn die Nachricht vom Tode Puschkins. Er schrieb darüber an seinen Freund Pletnjew:

«Ich hätte keine schlimmere Nachricht aus Russland erhalten können. Die höchste Lust meines Lebens ist mit ihm dahingegangen. Nichts habe ich ohne seinen Rat unternommen. Keine Zeile habe ich geschrieben, ohne mir ihn als Leser vorzustellen. Immer fragte ich mich: ‹Was wird er dazu sagen? Was wird er davon aufnehmen? Worüber wird er lachen? Was wird seinen unschätzbaren zustimmenden Beifall finden ...› O Gott, die Arbeit, die ich eben begonnen (der Roman ‹Tote Seelen›), verdanke ich seiner Anregung. Ich vermag sie nicht fortzuführen. Wie oft griff ich seitdem zur Feder – sie fällt mir immer wieder aus der Hand. Welch unaussprechlich bittere Trostlosigkeit!»

Von Paris ging Gogol nach Rom und lebte dort eine lange Reihe von Jahren. Es waren die schönsten und reichsten seines Lebens. Er liebte Italien leidenschaftlich, nannte es sein anderes Vaterland und empfand die italienische Sprache als seine zweite Muttersprache – auch er einer der großen Südwanderer, die dieses Gegenpols zur Unermesslichkeit, Nebelhaftigkeit, Schwere und ausschweifenden Zwiespältigkeit des Nordens bedurften, um sich als Künstler zu vollenden.

Wie stark er die Notwendigkeit einer innigen Versenkung in die Antike empfand; wie entscheidend sie auf ihn als Menschen und Künstler eingewirkt hat – davon zeugt seine Abhandlung über Schukowskis meisterliche Homer-Übersetzung. Gogol hat die Antike zwar nie und nirgends nachgeahmt – weder formal noch stofflich –, er hat aber sein ganzes eigenes Schaffen immer an ihren Werken gemessen und sich durch sie in seiner Eigenart gestärkt und bestätigt gefunden. Er war durchaus kein «Römer» geworden – im Gegenteil, erst in Rom wurde er sich immer tiefer seiner eigensten Aufgabe bewusst. Außer dem unvergänglichen «Mantel», schrieb er dort sein Hauptwerk, den ersten Teil des großen Romans «Tote Seelen».

Doch eine tückische Malaria, von deren Folgen er sich nie wieder ganz erholen konnte, untergrub seine schon an und für sich sehr zarte Gesundheit. Dazu kam ein Erlebnis, das seine Kräfte vollends erschütterte: der Tod des jungen Grafen Joseph Bjelgorskij. Dieser schöne, hochbegabte Jüngling, den er schon in Petersburg kennengelernt hatte, schloss sich ihm in Rom mit feuriger Begeisterung an, erkrankte dort aber an der Schwindsucht. Gogol pflegte ihn aufopferungsvoll wie eine liebende Mutter, verbrachte lange Tage und schlaflose Nächte an seinem Krankenlager und verzehrte sich vor Gram, als der junge Freund, auf den er höchste Hoffnungen gesetzt, in seinen Armen verschied. Dieser Tod ließ ihn in eine schwarze Schwermut versinken; er verlor immer mehr den Sinn für die Freuden des Lebens und gab sich todessüchtigen Grübeleien hin.

Die Rückkehr nach Russland hob diese innere Verdüsterung nicht auf, sondern steigerte sie noch, umso mehr als seine schöpferische Kraft abnahm und seine Gesundheit sich unaufhaltsam verschlechterte. Er vermochte den zweiten Teil der «Toten Seelen» (das großgeplante «Paradiso» nach dem «Inferno» des ersten Teils) nicht mehr so zu gestalten, wie er es im Geiste vor sich gesehen – als eine dichterische Vorwegnahme der transzendenten Möglichkeiten des russischen Lebens. Zudem drückten ihn Schulden bei seinen Verlegern. Auch machte ihm die Zensur bei der Herausgabe des ersten Teils Schwierigkeiten. Er verfiel einer verzweifelten Stimmung. Noch einmal begab er sich, um seiner Gesundheit willen, nach Westeuropa und irrte von einem Kurort zum andern (Gräfenberg, Ems, Nizza, Ostende) – doch es nützte nichts.

Er begann sich nicht mehr als Schriftsteller, sondern als Prophet zu fühlen. Und es trieb ihn, das Heilige Grab in Jerusalem zu besuchen. Die Fahrt nach Jerusalem, seine dritte große Schicksalsreise, steht am Ende seines Lebens, so wie die Romreise den Höhepunkt und die erste Fahrt nach Petersburg den jugendlichen Aufbruch bedeutete.

Nach Petersburg ist er nie mehr zurückgekehrt. Die letzten Jahre verbrachte er in Moskau und Odessa und, in den Sommermonaten, auf seinem vom Vater ererbten Gute in der Ukraine, von dem aus er einst in die Welt aufgebrochen war.

Er starb am 18. Februar 1852 in Moskau und wurde im Daniljewskij-Kloster beigesetzt. Über seinem Grab ist ein Denkmal errichtet worden, dessen Sockel als Inschrift den Ausspruch des Propheten Jeremias trägt: «Ich lache mit meinem bitteren Wort.»

Viele der großen russischen Dichter des neunzehnten Jahrhunderts, in dem sich der staunenswerte Aufstieg der russischen Literatur zur Weltgültigkeit vollzog, sind, ihrer Abstammung nach, nicht reine Russen gewesen.

Die Ukrainer, ein slawischer Stamm gleich den Tschechen, Polen, Kroaten, Serben, Slowenen usw., sind, gleich diesen, keine Russen – so wie die Holländer, Schweden, Norweger und Dänen zwar Germanen, aber keine Deutschen sind. Es war eine Instinktlosigkeit der zaristischen russischen Gewaltpolitiker, dass sie das freie Kosakenvolk der Ukrainer, nachdem es unterworfen worden war, zu russifizieren und es sogar seines Volksnamens zu berauben trachteten, indem sie es kurzerhand «Kleinrussen» nannten, wie um anzudeuten, dass es sich nicht um ein selbstständiges Volk mit eigener Sprache, sondern nur um eine Abart der Russen handle.

Bei aller inneren Verbundenheit mit der russischen Kultur und dem russischen Geiste ist sich Gogol seines ukrainischen Volkstums immer bewusst geblieben. Und wir können das Besondere an Gogol, das ihn von allen anderen russischen Dichtern unterscheidet, gar nicht verstehen, wenn wir in ihm nur einen Russen und nicht auch einen Ukrainer sehen.

Alles, was bei den andern russischen Erzählern als rein psychologischer Vorgang, als innerseelische Aufgewühltheit, innerer Widerspruch oder geistiges Problem zutage tritt – bei Gogol ist es zugleich ein tausendfältiges buntes äußeres Geschehen, voll von beinahe knabenhafter Abenteuerlust und durchwaltet von einer ganzen Heerschar von Hexen, Teufeln, Erdgeistern, Dämonen oder Engeln und

Heiligen, sodass sich wie im Märchen eine vielgestaltige Ober- und Unterwelt in die reale vollsaftige Menschenwelt hineinschlingt – nicht im Sinne eines «okkulten» Problems, sondern ganz unmittelbar und natürlich, tragisch und komisch, schauerlich und heiter zugleich.

Dazu kommt die artistische Freude, mit diesen immer wieder auf andere Weise einander durchdringenden Welten gleich einem Kinde ernsthaft zu spielen, unerachtet eines tiefen Wissens um ihre mythische, den Kern alles Menschentums ergreifende Wirklichkeit. Er löst diese Wirklichkeit nicht in eine abstrakte Geistigkeit oder in einen wie immer gearteten Psychologismus auf, sondern macht die Tageswelt durch das dämonische Geistergetriebe nur noch reicher, bunter, vieldeutiger und rätselhafter, ja er verwandelt auch noch das Ungestalte in sichtbare Phantasmagorie, auch noch das Grausigste in ein erlösendes und beglückendes künstlerisches Spiel, denn der wesenhaft künstlerische Mensch ist immer auch der Erbe und Nachfahr des mythischen Menschen, dem Spiel und Wirklichkeit, Phantasie und Wahrheit ein untrennbar Eines sind und dem der geistige Sinn sich einzig in sinnlicher Form offenbart.

Von dieser Art sind die meisten der großartigen und ungeheuerlichen Meisternovellen Gogols. Was seine Stellung in der Weltliteratur angeht, so gehört er mit seinen ukrainischen Erzählungen als einer der Allergrößten zur europäischen Romantik, nur dass bei ihm die gleichen Elemente, die bei den westlichen Dichtern ihr Wesen treiben, wilder, naturhafter, unbändiger, realer wirken. Als Dichter der «Toten Seelen» und des «Mantels» dagegen ist er den bedeutendsten Realisten ebenbürtig an die Seite zu stellen. Völlig unvergleichlich ist die sinnliche Intensität seiner Darstellung und die Melodie seiner Sprache. Als reiner Künstler überragt er selbst Tolstoi und Dostojewskij.

Bruno Goetz

BETONUNG DER PERSONEN- UND ORTSNAMEN

Jaréskowo (Ortsname)	Oxána
Kassján	Panáss
Kissjakolupénko	Patjómkin
Kondrát	Patzjúk
Kórnij	Perepetschícha
Ljewtschénko	Schupowalénko
Mikíta	Ssolócha
Njéshin (Ortsname)	Ssussúlja
Odárka	Swerbygús
Ossip Nikiforowitsch	Tymisch Korostjáwy
Ostáp	Wakúla

Das «o» wird im Russischen immer offen ausgesprochen, wie in «Gold», «Stoff», «Gott» nie geschlossen, wie in «loben», «Boot».

INHALT

Die Nacht vor Weihnachten
5

Nachwort
83

Betonung der Personen- und Ortsnamen
92